MICHELLE OBAMA

蜜雪兒．歐巴馬 著

我們身上有光

照亮不確定的時刻

THE LIGHT WE CARRY

OVERCOMING IN UNCERTAIN TIMES

黃佳瑜、陳文和、 林步昇 譯

致每一位點亮自己的光的人
謝謝你們讓別人覺得被看見

謹將本書獻給我的父母，瑪麗安和弗雷澤，

他們為我灌輸了我長期以來立身處世的價值觀。

他們的生活智慧使我們家成了我覺得被看見、被聽見的空間。

在家裡，我可以練習自己做決定，我可以成為我想成為的那種人。

他們始終與我同在，他們無條件的愛讓我從很小就明白自己有發言權。

我由衷感謝他們點亮了我的光。

如果你的族譜中有一個人是惡棍，
那麼有一百個人不是：

壞人不會贏——
不論他們多麼喧噪，最終總會落敗。

否則
我們根本不會在這裡。

你基本上是由善意所生的。
有了這個認知，你從來不是孤身前行。

你是本世紀的頭條新聞。
你是挺身而出的善人。

自始至終不變，就算許多日子
感覺並非如此。[1]

——取自艾伯托・里奧斯（Alberto Ríos）的
〈一間叫作明日的屋子〉（A House Called Tomorrow）

目次　CONTENTS

第3部

▲南區的炎炎夏日裡，父親幫我涼快一下。

引言

我小時候的某一天，父親開始在走路時拄著手杖幫助他保持平衡。我記不清那根手杖究竟什麼時候來到我們位於芝加哥南區的家——我那時大概四、五歲吧——它就那樣驀然而至，纖細而堅固，用平滑的深色木頭製成。那根手杖是對多發性硬化症的初步妥協；這場疾病導致我父親的左腿嚴重跛行。或許遠在他確診之前，多發性硬化症就開始緩緩地、無聲無息地損害他的身體，侵蝕他的中樞神經系統，讓他拖著越來越虛弱的雙腿在日常生活中奔忙：到市立濾水廠上班、跟媽媽一起操持家務、努力教養出優秀子女。

那根手杖協助父親上樓回到我們的公寓，或者下樓步行到附近的街區。夜裡，他會把手杖斜靠在躺椅扶手旁，在他觀賞電視體育節目，或聆聽音響流瀉出的爵士樂，或把我拉到他的腿上垂問我的上學情況時，似乎忘了它的存在。手杖的弧形把手、尾端的黑色橡膠墊子，以及擊地時發出的空洞嗒嗒聲，無不令我深深著迷。我偶爾拿起手杖模仿父親的動作，一瘸一拐地在我們家客廳走來走去，想要體會一下他的感受。可惜我太矮而手杖太長，所以最後只能把它當成道具拿來玩扮家家酒。

在我們一家人眼中，那根手杖完全不代表什麼。它只不過是一件工具，無異於媽媽在廚房拿的鍋鏟，或者祖父過來修理壞掉的架子或窗簾桿時拿的鐵槌。它很實用，可以提供保護，是必要時可以依靠的東西。

我們不怎麼想承認的事實是，父親的病情正逐漸惡化，他的身體在默默攻擊自己。爸爸知道，媽媽也知道。哥哥克雷格（Craig）和我那時還只是孩子，但孩子並不是傻瓜，所以儘管父親依然在後院陪我們玩傳球遊戲，依然出席我們的鋼琴演奏會或小聯盟球賽，我們同樣心知肚明。我們逐漸明白父親的病讓我們一家變得比較脆弱，比較沒有保障。當遇到危急情況，他會比較難以敏捷地採取行動，把我們從大火或入侵者的手中解救出來。我們慢慢學會，生命其實並不在我們的掌控之中。

手杖有時也會辜負我們的父親。他會錯估一級台階，或者被地毯鼓起來的地方絆到腳，冷不防地踉蹌跌跤。在他的身體被拋向空中的那個停格瞬間，我們會瞥見我們但願不必看到的一切——他的脆弱，我們的無助，以及前方的不確定性和更艱難的日子。

一個成年男子的身軀掉落地面，會發出雷鳴般的動靜——那是你永遠忘不掉的情景。那會像地震似地搖晃我們的小公寓，催促我們趕緊過去幫他。

「弗雷澤（Fraser），小心點！」媽媽會這麼說，彷彿她的話可以讓剛剛發生的事情不復存在。克雷格和我會用幼小的身軀撐著父親站起來，手忙腳亂地把他不知飛到哪裡去的手杖和眼鏡撿回來，彷彿只要趕緊幫助他站好，就可以抹去他跌倒的畫面，彷彿沒有什麼是我們哪個人解決不了的。這些時刻令我憂慮、恐懼，讓我明白我們注定要失去什麼，而厄運可能隨時降臨。

對於這整件事情，父親通常一笑而過，淡然處之，不把跌倒當回事，示意我們大可露出笑容或開開玩笑。我們之間似乎有一種默契：我們需要放下這些時刻，學會釋懷。在我們家，笑聲是另一個好用的工具。

如今我已長大成人，我對多發性硬化症有了這樣的認識：這項疾病影響了全球數百萬人。它擾亂免疫系統，唆使免疫系統從內部展開攻擊，錯把朋友當敵人，把自己當外人。多發性硬化症破壞中樞神經系統，侵蝕神經軸突上的保護層，令脆弱的神經纖維裸露出來，毫無遮蔽。

假如多發性硬化症讓父親感到痛苦，他什麼也沒說。假如身障的屈辱令他心情低落，他也很少表露出來。我不知道我們不在身邊的時候——例如他到水廠上班或進出理髮店時——父親是否曾經摔倒，不過很有理由相信跌跤在所難免，起碼偶爾如此。然而，好幾年過去了。父親依舊出門上班、回家、保持笑容。這或許是某種形式的否認，或許純粹是他選擇遵循的生活信條：**跌倒，爬起來，繼續前行**。

我現在明白了，父親的殘疾很早就教會我重要的一課，讓我知道和別人不同是什麼滋味，而在你無法掌控的世界前行又是什麼滋味。儘管我們沒有糾結於這件事，但差異性始終存在。我們家背負著它。我們擔心其他家庭似乎不擔心的事，戰戰兢兢留意其他人似乎不需要留意的細節。出門在外，我們默默打量障礙物，估算父親橫越停車場或穿越克雷格籃球場邊的看台需要花多少力氣。我們用不同的方法丈量距離和高度，用不同的眼光看待階梯、結冰的人行道和高聳的路沿。我們評斷公園和博物館的標準，是看它們有多少張長椅可以供疲憊的身軀休息。不論去到哪裡，我們總會權衡風險，為父親尋找小小的便利。我們計算每一步。

而當一件工具不再能為父親效勞，當它的效用因父親病情加重而相形見絀，我們會想辦法尋找另一件工具——手杖被脅下的一對拐杖取代，而拐杖最終被代步車和一輛有特殊裝備的廂型車取代，車上裝滿扶手和液壓設備，彌補他的身體不再能做的一切動作。

父親是否喜歡這些東西，是否覺得它們解決了他的所有問題？一點兒也不。但他是否需要它們？是的，毫無疑問。那就是工具的用途。它們幫助我們挺起腰桿、保持平衡、更有能力與不確定性共存。它們幫助我們應付流動的變化、管理失控的生活，而且，它們幫助我們持續前行，縱使我們感到不適，縱使我們得忍受神經纖維裸露出來。

我常常思索這類事情——我們背負了什麼，是什麼幫助我們在不確定性面前保持屹立，以及我們如何找到並倚賴我們的工具，特別是在混亂失序的時期。我也不斷思索什麼叫作「和別人不同」。我們有那麼多人因為覺得自己和別人不同而陷入自我鬥爭，而我們對差異性的觀念，仍持續成為我們想生活在怎樣的世界，以及我們信任誰、鼓舞誰、摒棄誰這類更廣泛話題的中心點；這令我深有感觸。

當然，這些是複雜的問題，有著複雜的答案。而且，所謂「和別人不同」，可以有各式各樣的定義。不過，在此值得代表那些曾感受這一點的人說：當你的世界布滿別人看不到或沒看到的障礙物，找到自己的路並不容易。當你和周圍的人不同，你會感覺自己彷彿拿著和別人不同的地圖，行進中會遇到不同的艱難險阻。有時候，你甚至覺得自己根本沒拿到地圖。你的不同之處往往比你更早走進房間：人們看到**你**之前，先看到了**你的不同**。這就給你留下了需要克服的困難，而「克服」本身就是一件勞神費力的事。

結果——事實上，這攸關生存——你和我們家一樣，學會了步步為營。你學會如何保留你的力氣，學會計算每一步。而整件事的核心，是一個令人暈頭轉向、自相矛盾的悖論：當你和別人不同，你需要勇敢無畏，然而和別人不同卻會讓你在不知不覺中變得小心翼翼。

我就是在這個既小心翼翼又勇敢無畏的立足點上，著手寫這本新書。《成為這樣的我》二〇一八年出版後，得到的回響出乎我意料之外——事實上，我大吃一驚。我全心投入那本書，不僅為了梳理我作為美國第一夫人的時光，也為了更廣泛地梳理我的一生。我不僅分享生命中喜悅和光鮮亮麗的一面，也分享了比較艱辛的一面——父親在我二十七歲那年辭世；大學摯友的離去；巴拉克（Barack）和我為了懷孕所受的煎熬。我回溯身為有色人種青年的受挫經驗，並坦言離開白宮（我們已漸漸愛上的家）以及把我丈夫在總統任內辛勤工作留下的成果交到一位魯莽且毫無同情心的繼任者手上，我有多麼痛苦。

毫無保留地吐露出這一切，感覺有點冒險，但也讓人鬆了一口氣。在擔任第一夫人的八年時光，我一直戒慎恐懼、如履薄冰，深深明白全國上下的目光都放在巴拉克、我和我們的兩個女兒身上，而且，在擁有悠久白人歷史的白宮裡，身為黑人的我們承擔不起任何差錯。我必須確保我是在運用我的平台做出有意義的改變，而我致力的議題必須得到很好的執行，並且與總統的理念相輔相成。我必須保護我們的孩子，幫助她們過上正常的生活；我還得支援巴拉克，因為有時候，他肩上彷彿背負著全世界的重量。我做的每個決策都極其小心，我考慮每一個風險、評估每一項障礙，盡我所能擴大全家人身而為人的成長機會，而不只作為我們國家令其他人熱愛或憎恨的象徵。這份精神壓力既真實又緊迫，但並不陌生。我再次計算起每一步。

書寫《成為這樣的我》像是一次宣泄；它標誌著人生下一階段的開始，儘管我對接下來的走向毫無頭緒。那也是第一個全然屬於我自己的課題——沒有跟巴拉克、他的執政經歷、孩子們的生活以及我之前的某部分職涯綑綁在一起。我熱愛這份獨立，但也覺得自己踏上了一條全新的道路，以前所未有的方式變得脆弱。這本書即將發行之際，一天夜裡，在我們搬出白宮後位於華府的家，我清醒地躺在床上，想像著我最掏心置腹的人生故事登上書店和圖書館的書架，被翻譯成數十種語言，受到全球各地評論家密切關注與審查。我排定隔天一早飛到芝加哥，展開即將在接下來一年左右帶領我前往三十一個不同城市的全球巡迴發表會，每次都要面對最多可達兩萬人的廣大觀眾。我目不轉睛地凝視臥室天花板，感覺焦慮像潮水般湧上我的胸膛，疑懼在我的腦中轉來轉去。**我是不是說得太多了？我能辦到嗎？還是會搞砸？然後呢？**

在這底下，潛藏著一個更深層、更原始、更執拗而且極其嚇人的問題——一切疑懼的根基——就連我認識的最有成就、最強大的人都無法免疫的四個字，打從我還是芝加哥南區的小女孩就跟我如影隨形的四個字：**我夠好嗎？**

在那一刻，除了**我不知道**，我沒有任何答案。

最後是巴拉克幫助我豁然開朗。我輾轉難眠，依然心緒不寧，於是信步走到樓上，看見他在書房的燈火旁工作。他耐心聽我傾訴腦中的所有疑慮，細述可能出現的各種差錯。和我一樣，巴拉克也還在梳理帶領我們一家人進入白宮並走過八年歲月的旅程。和我一樣，他的內心也懷抱著屬於他自己的疑懼和憂慮，並且——不論多麼難得、多麼荒謬——覺得自己說不定還不夠好。他比任何人都懂我。

在我吐露我的種種恐懼之後，他僅僅向我保證我的書很棒，我也很棒。他提醒了我，在做一件全新而重大的工作時，焦慮是很自然的一部分。然後，他伸手把我擁進懷裡，將額頭輕輕抵住我的額頭。那就是我所需的一切。

隔天早晨起床，我帶著《成為這樣的我》上路，開啟了此生截至目前為止最快樂、最充實的一段時期。那本書備受好評，而且出乎我意料之外創下全球銷售紀錄。在巡迴發表新書的途中，我騰出時間拜訪小批讀者，跟他們在社區中心、圖書館和教會這類地方見面。聆聽他們的故事和我的故事之間的各種激盪共鳴，是這段經歷最令人心滿意足的部分。到了晚上，更多人湧進大禮堂——每次都有上萬名觀眾。場地裡活力四射：音樂聲震耳欲聾，人們一邊等著我走上舞台，一邊在走道上跳舞、自拍、彼此擁抱。每一次坐下來跟主持人對談九十分鐘，我都敞開心扉，言無不盡。我毫無保留，對自己所說的故事很有信心，覺得我成為自己的這段經歷受到大家認同，但願也能幫助其他人覺得受到認同。

那充滿樂趣，令人開心，但也不僅止於此。

關於我的國家和這個世界整體而言，我知道有件事情真實不虛；當我望向觀眾，我看見這件事情得到了證實。我看見一群豐富多彩的觀眾，充滿各種差異，而且因此顯得更美好。在這些空間，多元性得到認可，並且被當成優點加以頌揚。我看見不同的年齡、人種、性別、族裔、身分認同、服裝，應有盡有——人們歡笑、拍手、哭泣、分享。我衷心相信他們許多人之所以到場，是出於遠遠超過我或我的書的理由。我猜，他們之所以出現，至少有一部分是為了讓自己在這世上不那麼寂寞，是為了找回失去的歸屬感。他們的出現——那些空間的能量、溫暖與多元性——幫助訴說了一個特定的故事。我相信，人們出現在那裡，是因為用團結友愛的

▲《成為這樣的我》新書巡迴發表會是我此生最有意義的經歷。

精神將差異性融合起來，感覺很好——事實上，感覺**很棒**。

我懷疑那時候有誰猜得到這個世界即將天翻地覆。誰料得到那些活動顯露的親密無間即將面臨突然滅絕？誰會知道一場蔓延全球的疫情將迫使我們驟然放棄隨意擁抱、沒被口罩遮掩的微笑，以及與陌生人輕鬆寒暄這類事情，而且更糟糕的是，觸發一段充滿痛苦、失落和不確定性的漫長時期，影響全球各個角落？要是早知如此，我們的做法會有不同嗎？我不知道。

我確實知道的是，這樣的時期令我們心生動搖、惶惶不安，使我們更多人小心翼翼、戒慎恐懼、減少了交流。許多人第一次感受到其他數百萬人每天必須感受的心情，感受到失衡、失控，對未來深切恐慌。過去兩三年間，我們歷經了前所未有的漫長隔絕、無法計數的憂傷，以及難以忍受的、無法歸類的不確定感。

儘管疫情或許突兀地打亂了日常生活的節奏，卻完全沒有撼動一些更古老、更根深柢固的社會病態。我們見到手無寸鐵的黑人同胞持續遭警察殺害——在離開便利商店的時候，在步行前往理髮店的時候，在遇到紅燈照例停下來的時候。我們見到針對亞裔美國人和同志族群（LGBTQ+）惡毒的仇恨犯罪。我們見到不寬容與偏執大行其道，而不是逐漸式微；見到渴望權力的獨裁者在世界各地緊縮對其國家的掌控。在美國，我們見到現任總統放任警察對數千名在白宮前和平集會的民眾釋放催淚瓦斯，這些民眾只不過是在呼籲減少仇恨，爭取公平正義。而在一群群美國人前仆後繼，公平而決絕地投票罷免總統之後，我們見到一幫憤怒的暴徒猖狂地破壞最神聖的國會殿堂，相信他們可以藉由踹破房門和在南西・裴洛西（Nancy Pelosi）的地毯上撒尿而讓我們的國家變得偉大。

我生氣嗎？是的，我很生氣。

那些時刻令我心寒嗎？是的，我也曾心灰意懶。

每次見到以標榜「偉大」的民粹政治口號掩飾的憤怒與偏執，我義憤填膺嗎？毫無疑問。但我是孤獨的嗎？幸好不是。我幾乎每天都會聽到遠近各地的民眾告訴我，他們正努力尋找方法克服這些障礙、調整力氣、與他們的至親緊緊相守，想方設法維持勇氣面對這個世界。我經常和那些因為覺得自己不同而陷入掙扎的人交談，他們感到被人看輕或無視，為了克服障礙而耗盡力氣，覺得自己身上的光已黯淡消退。我跟來自世界各地的年輕人見面，他們正試圖找到自己的風格，設法在人際關係和職場上呈現最真實的自我。他們有滿肚子的問題：我如何進行有意義的交流？我應該在什麼時候以什麼方式挺身直陳某個問題？當你發現自己置身低處，你要如何「保持高尚」？

對我傾吐心聲的這些人，多半試圖在並非為他們打造的機關、傳統和結構中找到他們的力量，努力掃描模糊不清、難以看見的地雷和邊界。要是誤踩這些障礙，後果恐怕不堪設想。這些東西有可能極其含混而危險。

經常有人找我要答案和解決辦法。自從我的上一本書出版後，我常跟來自各行各業、三教九流的讀者對話，探討我們如何在不公不義和不確定性中前行，以及我們為什麼需要這麼做。我聽到許多故事、收到許多問題。曾有人問我，我是否在某個錦囊中藏著一套公式來對付這些事情，幫助我撥開迷惘，讓事情更容易克服。相信我，我知道那樣的公式多麼有用。我非常樂意提出一套清晰的、條列式的步驟，幫助你克服每一項不確定性，加速你達到你想攀登的高度。要是那麼簡單就好了。假如我有一套公式，我一定不會藏私。但別忘了，我偶爾也會輾轉難眠，躺在床上納悶自己夠不夠好。要知道，我也和所有人一樣，發現自己面臨了有待克服的障礙。至於我們那麼多人努力追求的那些高度？到了此刻，我已攀登過許多高峰，不管這麼說有沒有用，我可以告訴你，那些地方也存在疑慮、未知和不公不義——事實上，它們在那裡旺盛發展。

重點是，我沒有公式。簾幕後頭沒有魔法師。我不相信人生的重大問題存在俐落的解決辦法或簡單的答案。人類的經驗從本質上令簡單的答案不可能存在。我們的心太複雜，我們的歷史太混亂。

我所能做的，是打開我的個人工具箱讓你一探究竟。這本書的目的，就是讓你看看我在箱子裡放了哪些工具、用意何在；讓你看看我在工作和生活中使用哪些工具保持平衡，使我就算陷入高度焦慮和緊張仍能繼續前進。我的一些工具屬於習慣和作風，另一些是實際有形的東西，其餘則屬於態度與信念，源於我的人生經驗與閱歷——我個人持續「成為自己」的過程。我不打算讓這本書成為一本操作指南。相反的，書中呈現的是我所做的一系列誠實反省，思索人生截至目前為止教會我的東西，我一路走來倚賴的那些扶手和液壓設備。我將為你介紹幫助我保持抬頭挺胸的一些人，並分享我從幾位了不起的女性身上學到的關於如何面對不公不義與不確定性的心得。你將聽到那些偶爾仍會擊倒我的事情，以及我為了重新爬起來而依靠的東西。我也會告訴你，這些年來，在我漸漸明白工具不同於防衛、而且更加有用之際，我所拋棄的一些態度。

不言可喻，並非每件工具在每種情況下或對每個人同樣有用。你覺得堅固而有效的，你的上司、你的母親或你的人生伴侶不見得覺得堅固而有效。鍋鏟沒辦法幫你換掉漏氣的輪胎；拆輪胎的扳手不能拿來煎雞蛋（不過，你盡可以證明我是錯的，歡迎之至）。工具會根據我們的狀況與成長而隨時間演變。在某個人生階段有用的工具，不見得在另一個階段奏效。但我確實相信，學著區分哪些習慣能幫助我們維持專注、腳踏實地，哪些則會引發焦慮、加深不安全感，是一件很有價值的事。但願你能從書中找到可以汲取的心得——在你辨別、蒐集、挑揀你個人的必備工具時，選擇那些有用的，拋棄對你無益的工具。

最後，我想要剖析權力與成功的概念，做出新的詮釋，幫助你看清你能企及的目標，讓你更勇於培養自己的長處。我相信我們每個人的內心都有一束光，那是全然獨特而個人化、值得保護的一簇火焰。當我們能認出自己的光，就擁有了使用它的力量。當我們學會鼓勵身旁的人勇於與眾不同，我們將更懂得建立富有同情心的社會，做出有意義的改變。本書的第一部，我將說說如何挖掘內心的力量與光，第二部則思索我們與其他人的關係以及我們對家的觀念，第三部旨在開啟討論，談談我們如何更好地擁有、保護、增強我們的光，尤其在艱難的時代。

在這整本書中，我們將探討如何找到個人的力量、公共的力量，以及用來克服懷疑與無助感的力量。我不是說這些事情很簡單，或者道路中沒有充滿各種艱難險阻。別忘了，我知道的一切、我依靠的各種工具，都是我多年不斷練習與重新評估，在一次次試驗與失敗中學到的。數十年來，我一步步學習、犯錯、調整，隨時修正方向，千辛萬苦才走到了今天。

如果你是年輕讀者，請記得多給自己一點耐性。你正要展開一段漫長而有趣的旅程，一段不會永遠舒適安逸的旅程。你將花很多年時間蒐集情報來認清你自己以及你的風格，然後慢慢變得越來越篤定、越來越清楚自己是誰。慢慢開始發現並運用你的光。

我已學會，別怕承認自我價值被脆弱層層包裹，別怕承認在這地球上，我們身而為人的共同點就是永遠有力爭上游的衝動，不管發生什麼情況。我們在光中變得更勇敢。當你認清你的光，你就認清了自己，就能以坦率的態度面對你自己的故事。根據我的經驗，這樣的自我認識有助於建立自信，進而帶來平靜和洞澈事理的能力，而這最終讓你可以跟別人產生有意義的交流——對我來說，這是一切的基石。一束光會點亮另一束光；一個堅強的家庭會將力量傳遞給更多家庭。一個人人參與的族群能點燃周圍的其他族群。這就是我們身上的光擁有的力量。

我一開始對這本書的設想，是一本能陪伴讀者走過變動時期的書，但願為每一個走入人生新階段的人提供有用且穩定的力量——不論這個階段的開端是畢業或離婚、轉換工作跑道或確診某項疾病、孩子出生或至親離世。我的想法是，我將主要從外部觀察變化，站在倖存者的旁觀角度審視恐懼和不確定性等種種挑戰，以年屆六十且成功走過難關的過來人身分發聲。

當然，我應該想得更清楚才對。

過去幾年，我們每個人都被捲進劇烈變化的漩渦，基本上毫無喘息機會。這跟我們許多人經歷過的任何事情都大不相同，因為我這個歲數以及比我年輕的人，多半沒經歷過全球大流行的疾病、炸彈轟炸歐洲，或者女人沒有權利為自己的身體做出明智決定的年代。我們一直過得相對風平浪靜。如今情況有變。不確定性持續滲透生活的各個角落，體現在核戰威脅之類的世界大事，以及孩子出現咳嗽聲這類貼身的事務上。我們的機構受到撼動，我們的體制搖搖欲墜；從事醫療和教育的人承受了無可估量的壓力。年輕人的孤獨感、焦慮感與憂鬱感達到前所未有的程度。[2]

我們費勁地想知道可以相信誰、相信什麼、將我們的信仰置於何處。而傷痛肯定會持續與我們隨行。研究人員估計，全球有超過七百九十萬名兒童因新冠疫情失去母親、父親或照顧他們的祖父母。[3]在美國，超過二十五萬名兒童——大都來自有色人種族群——的首要及次要照顧者死於這種病毒。生活的支柱如今瞬間瓦解，這些兒童受到的衝擊簡直難以想像。我們或許還要一段時間才能重新站穩腳跟。這些痛苦還會持續發酵幾年；我們會一再地受到撼動。這個世界會依然既美麗又破碎，不確定性將繼續留存。

但是當均衡狀態不可企及，我們就會被迫進化。我在上一本書說過，我自己的旅程教我明白一個道理，那就是人生沒有幾個固定的點——我們以為是開端和終點的傳統標記，其實只是一條漫長道路上的幾個路標。我們本身總是在行動，在進步。我們永遠處於變動中。縱使厭倦學習，我們仍持續學習，縱使被改變弄得精疲力竭，我們仍持續改變。結果難以預料。每一天，我們都被迫成為更新的自己。

當我們持續想辦法在疫情的挑戰中前行、應付不公不義和動盪不安等議題、擔心不確定的未來，我納悶是否是時候停止詢問「什麼時候才會到頭？」，轉而開始思索一組不同的、更實際的問題，關於如何在挑戰和變動中保持屹立：我們如何調適？如何在不確定性中更加自在，不再如此無能為力？我們擁有什麼工具來支撐自己？我們去哪裡找到更多支柱？我們如何給予他人安全與穩定？如果大家齊心協力，我們或許可以攜手克服什麼？

如同我之前所說，我沒有所有答案，但我願意開啟對話。共同探討這些問題是一件有價值的事。我願意保持開放的空間，進行更寬更廣的交流。我相信那就是讓我們的腳跟站得更穩的方法。

第1部

沒有任何事物能令發自內在的光芒變得黯淡。[4]

——瑪雅．安傑盧（Maya Angelou）

▲編織幫助我學會安撫焦躁的心。

第1章　小的力量

有時候，只有在工具開始發揮作用以後，你才會看見它的存在。有時候，事實證明，最微小的工具能幫助我們整理最強烈的感受。這是我幾年前學到的心得，當時，我給自己郵購了幾根打毛線用的棒針，不太清楚要拿它們做什麼。

那是疫情剛剛開始時，人心惶惶的幾星期。我身在位於華府的家中，上網漫無目的地胡亂購物，除了食物和衛生紙，也囤積桌遊和美術用品之類的東西，不確定這些東西有什麼用途。我充分且羞赧地意識到，衝動性購物是美國人面對不確定性的典型反應。我仍試圖理解我們從「正常生活」頃刻陷入全面性全球危機的事實，仍試圖理解數億人口突然之間面臨嚴峻危險的事實。而我們其他人此刻所能做的最安全、最有益的事，就是安安靜靜待在家裡。

日復一日，我盯著新聞，被我們這個世界的嚴重不公所震驚。不公不義體現在新聞標題、失業案例、死亡人數，以及救護車鳴叫得最響亮的社區中。我讀到醫院員工下班後不敢回家、擔心把疾病傳染給家人的文章。我看到運屍車停在城市街頭、演唱會場地被改裝成應急醫院的畫面。

我們知道得那麼少、害怕得那麼多。每件事情感覺都很重大，每件事情感覺都會引發嚴重後果。

每件事情**的確很**重大，每件事情**的確會**引發嚴重後果。

很難不覺得不堪負荷。

一開始幾天，我忙著打電話問候朋友，並確保如今獨居芝加哥的八十多歲老母親以安全的方式買菜購物。我們的女兒從大學校園返家，兩人都被當時的情況嚇到了，有一點點不情願離開她們的朋友。我緊緊擁抱她們，向她們保證這都只是暫時的，她們沒多久就能重返熱鬧的派對、為社會學考試焦頭爛額、在宿舍寢室裡吃泡麵。我這麼說，是為了幫助我自己相信。我這麼說，是因為我知道那是作為父母的部分職責——即便你自己的膝蓋有一點點發軟，即便你暗自為了比子女跟朋友重聚更重大的事情焦慮，你仍得為她們多注入一點安全感。即便當你憂心忡忡，你仍得盡量往好處想，然後大聲說出來。

隨著時間過去，我們一家人漸漸適應了安靜的日常生活，每天的重頭戲是比平常吃得更久的晚餐。我們會梳理新聞，針對我們聽到或讀到的內容交換意見，聊聊當天嚴峻的統計數字，或者白宮——我們從前的家——發出的令人不安、飄忽不定的訊息。我們玩玩我買的桌遊，偶爾拼拼圖，窩在沙發上看電影，一逮到機會便哈哈大笑，因為若非如此，整件事情實在太嚇人了。

莎夏（Sasha）和瑪莉亞（Malia）透過網路繼續上課，巴拉克忙著撰寫他的總統回憶錄，並且越來越關注美國選民很快就會決定川普是留是走的事實。與此同時，我把精力投入我從二〇一八年開始推動、旨在動員選民投票的「當我們都去投票」（When We All Vote）計畫。另外，應市長之邀，我參與了一項名稱簡單有力、叫作「待在家裡」（Stay Home D.C.）的公共宣導專案，呼籲市民閉門不出，並在感到不適時接受檢測。我錄製鼓舞的話，傳遞給精疲力竭的急診室工作人員。而且為了稍微緩解我知道許多父母背負的重擔，我推出一系列影片，每周一次朗讀故事給孩子們聽。

這些作為似乎遠遠不夠。

確實不夠。

我想，這是當時我們許多人感受到的現實：所有事情似乎都遠遠不夠。有太多坑洞需要填補。在滔天的疫情面前，一切努力都顯得十分渺小。

相信我，我對自己在這種情況下享有的相對運氣和特權並不抱持幻想。我心裡明白，當緊急事件肆虐全球，被迫袖手旁觀並不是什麼苦難，尤其和許多人在這段期間的經歷相比。為了全民的安全，我們家做了眾多人被指示去做的事——在狂風暴雨中嚴陣以待。

對我來說，這段靜止和隔絕的時期是一大挑戰；我知道其他許多人也是如此。那就像一扇活板門，通往我無法理解或控制的重重憂慮。

在此之前，我用畢生時間保持忙碌——忙個**不停**；我想，一部分是為了得到些許控制感。不論在工作中或在家裡，我總是按照清單、日程表和戰略計畫生活。我用它們作為路線圖，作為掌握方向的方法，一切都是為了盡可能有效率地抵達目的地。我也或許有一點點執迷於追求和衡量進步。這可能是我生來即已預先安裝的衝動，也可能是爸媽遺傳給我的。他們堅決相信克雷格和我有能力幹一番大事業，但也直率地表示他們不會代替我們下苦工，認為我們最好自己挖掘出自己的潛力。還有另一個可能，我的勤奮精神是源於我的環境，在我們的勞工階級社區，機會很少主動找上門來。你得去找它。事實上，你有時候得頑強地窮追到底。

而我很樂意保持頑強。我花了許多年時間全心全意追求成果。我進入的每個新領域都成了試驗場。我以我的忙碌為傲；我透過統計數據——我的成績、我的年級排名——追蹤我的進步，並因此得到獎賞。在芝加哥摩天大樓四十七樓的商業律師事務所工作，我學會在每天、每星期、每個月擠出最高的計費時數。我的生活成了精心計算的大量計費時數，但幸福感卻開始逐漸衰減。

我對業餘的愛好從不感興趣。偶爾，我瞥見人們——通常是女人——在機場或大學講堂，或在搭公車上班的途中打毛線。但我從不曾對他們或編織、縫紉、鉤毛線之類的事情多費心思。我太忙著記錄我的時數、追蹤我的數據。

不過，編織埋藏在我的 DNA 裡。原來，我是許多代女裁縫的後裔。據我母親說，在她的家族，每位女性都懂得如何使用針線，懂得縫紉和編織。重點不在於熱情，而在於實用。縫紉是免於落入貧困的簡單藩籬。假如你懂得縫製或修補衣服，你總有辦法掙到錢。當生活中幾乎沒有什麼可以依靠，你可以依靠自己的雙手。

我的外曾祖母安妮・勞森（Annie Lawson）——我的「嬤嬤」——年紀輕輕就成了寡婦，不過她靠著替別人縫縫補補，在阿拉巴馬州伯明罕市養活了自己和兩個孩子。那讓餐桌上有食物可吃。出於類似原因，我母親家族的男人也學會木工和修鞋之類的技能。整個大家庭共享資源、收入和住處。於是，我的母親在有兩個大家長和六個兄弟姊妹的家庭中長大。有幾年時間，嬤嬤也從伯明罕搬到芝加哥，並繼續縫紉，大都是替有錢的白人修改衣服。「我們的生活並不寬裕，」母親說，「但我們始終知道自己一定吃得上飯。」

夏天的幾個月裡，嬤嬤會打包她的勝家（Singer）縫紉機，帶著它搭幾小時公車到城市北邊，她的一個雇主在那裡有一棟湖濱避暑別墅。她每次會在那裡待上幾天。那是我們家族中沒有人可以想像的目的地——帆船在水中搖晃，孩子們穿著亞麻布料的衣服，假期可以持續好幾個月——但他們確實知道的是，天氣很熱，勝家縫紉機很重，而且此時，嬤嬤一點兒都不年輕了。

這整件繁重的工作會令她的兒子——我的外祖父珀內爾・希爾茲（Purnell Shields），我們後來叫他「南區阿公」——搖搖頭，吶喊著詢問那些買得起度假別墅的人，為什麼不乾脆也在那間房子添置他們自己的縫紉機，省去嬤嬤搬運重物的麻煩。當然，沒有什麼彬彬有禮的方法可以如此質問那些高高在上的人。反正答案已經很清楚：他們不是做不到，只是**不去做**。他們很可能從來沒想過這件事。於是嬤嬤就這樣在夏日季節裡，來來回回拖著沉重的勝家縫紉機，打理別人的衣服。

這麼多年來，這個故事一直伴隨著我的母親。她說這個故事時不帶任何道德批判，但潛藏在底下的是一份靜靜的、一代傳一代的提醒，讓我們莫忘我們的家族、我們的人民長期背負的重擔——他們為了餬口而必須修理、伺候、縫補、拖曳的一切。

年輕的時候，我不會刻意思索這些事情，但我本能地感受到其中一部分重量。它就在那裡，融入了我不懈的努力，我覺得我有責任代表其他人走得更遠、做得更多、不輕易妥協。我想，我的母親也同樣感受到這份重量。父親一度聲明克雷格和我應該學著縫補襪子上的破洞，母親立刻駁斥說，「弗雷澤，我希望他們專注在課業，而不是在襪子上。那樣一來，他們以後需要多少襪子就能買多少襪子。」

我猜你可以說，我就是在那樣的專注下長大，以買襪子而不是補襪子的人生為目標。我拚命追求成就，不只一次轉換生涯跑道。我從計費時數的狂熱中走出來，轉入能讓我更貼近社區的工作，儘管這些工作不見得比較輕鬆。我成了母親，這帶給我無法估量的喜悅，同時也將一整組新的變數引入我感覺每天都在奔跑的障礙賽中。和許多母親一樣，我計畫、安排、整理、省吃儉用。我記下標靶百貨（Target）和寶寶反斗城（Babies R Us）的貨架布局，追求最高效率。我為我的家人、我的工作和我自己的身心健康精心建立了有效的流程與制度，並在孩子們日漸長大、巴拉克的政治生涯開始佔據他所有時間和精力，而我奮力向前追逐自己的成就之際，持續檢討和調整。

如果我有任何雜念、未解決的痛苦或無法歸類的感受，我通常會把它們塞進大腦深處的置物架，打算等到不那麼忙的時候再回來處理。

保持忙碌有具體的好處。八年的白宮歲月證明了這一點，因為猛烈襲來的各種責任——行動、回應、代表、評論、安慰——幾乎從不停息。身為第一夫人，我漸漸習慣生活在「大」的領域裡——重大問題、重大事件、廣大群眾、重大成果。當然，「大」與「忙」密不可分。令人頭暈目眩的步調令我和巴拉克——更別提那些和我們並肩工作的人——少有機會沉淪在消極的念頭中。我們是一條精簡的流水線，禁不起任何拖沓。某種意義上，這讓我們保持清醒，幫助我們維持宏觀的視野，時時積極樂觀。從這種角度看，忙碌是一種工具，彷彿為你穿上鎧甲：如果有人朝你射箭，你比較不會中箭受傷。因為壓根沒有時間。

然而，疫情爆發的頭幾個月把這一切夷為平地。我的生活結構被拆得七零八落。我向來仰賴的清單、日程表和戰略計畫突然充滿了取消、延期和容後再議。當朋友打電話來，談的往往是令他們焦慮的事情。對未來的每項計畫如今都附帶星號；未來**本身**似乎也附帶星號。那讓我想起小時候，在看見父親隨時可能跌倒，看見那些讓我們明白天有不測風雲的瞬間時，心裡的那種感受。

昔日的部分感受如今重上心頭。正當我以為我已經洞澈事理，我又被打回了原形——覺得迷惘而失控，彷彿置身一座被拆除了路牌和地標的城市。我應該右轉還是左轉？市中心往哪兒走？我迷失了方向，因而也丟掉了我的一部分鎧甲。

我現在明白了，這就是狂風暴雨的力量：它們衝破我們的邊界，爆裂我們的管線，拆掉我們的結構，淹沒我們的日常路線與途徑。它們捲走路標，徒留我們面對不一樣的風景和不一樣的自己。除了尋找新的前進路線，我們別無選擇。

我現在看清了這一點，但有段時間，我能看到的只有狂風暴雨。憂慮與隔絕驅使我向內、向後退縮。我重新發現堆積在大腦置物架上的所有未解難題，看到我之前藏起來的所有疑慮。它們一旦被拉出來，就無法再輕易塞回去。似乎沒有一件事情是妥貼的，沒有一件事情是完成的。我向來沾沾自喜的整齊俐落，被凌亂無章的不安定感取而代之。我的一些問題很明確——**我為了付法學院學費而辦的貸款得到回收了嗎？我疏遠複雜人際關係的做法錯了嗎？**——另一些問題則比較空泛而沉重。我忍不住重提我們國家選擇由川普取代巴拉克的這項決定。**我們可以從中得到什麼？**

巴拉克和我一直努力把樂觀和勤奮奉為生活準繩，選擇將目光放在好的一面，忽略壞的一面，相信我們大多數人都有共同的目標，而進步是可以隨著時間推移而達成並衡量的，不論進步幅度多麼微小。當然，這或許是個熱切而樂觀的故事，但我們對它傾注了心血，獻出了我們的生活。它將我們這個熱切而樂觀的黑人家庭一路送進白宮。在這過程中，我們毫不誇張地接觸了數百萬美國人，他們似乎也有類似感受。八年來，我們意識到自己不顧——或許甚至違抗——深深嵌入美國生活肌理的偏執與成見，成功走到了這一步，努力貫徹那些生活準繩，身體力行。我們明白自己以黑人身分出現在白宮，說明了人生充滿無限可能，因此我們加倍樂觀與勤奮，設法充分活出那些可能性。

不論二〇一六年的大選是不是對這一切的直接譴責，它確實很傷人。至今**依舊**傷人。聽到即將取代我丈夫成為總統的人公開且理直氣壯地使用種族歧視的字眼，我深感震驚；他讓自私和仇恨變得可以被容許；他拒絕譴責白人至上主義者，也拒絕支持為伸張種族正義而示威抗議的群眾。聽到他用談論威脅的語氣談論差異性，我深感震驚。那感覺不僅是一次簡單的政治挫敗，而是某種更醜陋的東西。

而在這一切的背後蔓延擴大的，是一連串令人沮喪的念頭：**我們做得還不夠。我們本身也不夠。問題太大了。坑洞太巨大，不可能填補**。

我知道評論家和歷史學家會持續提出他們對那次大選結果的看法，給予責難或讚美，分析人物性格、經濟情勢、分裂的媒體、網路酸民和水軍、種族歧視、厭女症、假消息、幻滅、懸殊、歷史鐘擺的轉向——基於各種大大小小的原因，結局落在了那個定點。他們會試圖針對事情始末和背後原因描繪出某種更宏觀的道理，我猜那會在接下來很長一段時間讓人們保持忙碌。不過在二〇二〇年令人害怕的頭幾個月，我困在家中，完全看不出任何道理。我只看到一個總統的缺乏誠信，反映在不斷攀升的全國死亡人數上。而他的民調數字依舊相當體面。

我繼續做我一直在做的事——在虛擬的選民登記宣導活動中發言、支持公益事業、對人們的痛苦表示同情——然而私底下，我越來越難汲取自己的樂觀精神，越來越不認為自己可以做出真正的貢獻。民主黨的領導階層之前找過我，邀請我在即將於八月中舉辦的全國黨代表大會發表演說，不過我還沒答應。每次想起這件事，我就裹足不前，深深沉浸在自己的挫敗感與憂傷中，哀嘆我們的國家已丟失的一切。我想像不出我能說什麼。我覺得被無力感籠罩，腦子陷入呆滯。我以前從未跟憂鬱之類的情緒搏鬥，但這次似乎得了輕微的憂鬱症。我不太能夠鼓起樂觀情緒或合理思考未來。更糟的是，我覺得自己瀕臨憤世嫉俗的邊緣——很想認定自己無能為力，很想相信當涉及巨大的問題和巨大的憂慮，做什麼都無濟於事。那是我最需要對抗的念頭：似乎沒有什麼事情是可以解決或完成的，**所以何必費勁去嘗試？**

我終於拾起我上網買的兩根初學者尺寸的棒針時，正處於低谷。我在跟絕望——和有所匱乏——的感受角力，這時，我拆開我買的一團灰色粗毛線，第一次拿棒針纏了一個圈，然後打了一個小小的活結固定，接著打第二圈。

我也買了幾本編織教學手冊。不過閱讀這些指南時，我很難把紙上的圖示轉譯成雙手的動作。於是我改向 YouTube 求助，找到（如同每個人都找得到的）浩如煙海的教學影片以及熱愛編織的人組成的全球社群，提供大量的耐性教學和聰明訣竅。我獨坐在家中沙發上觀看其他人打毛線，大腦依舊塞滿了焦慮。我開始依樣畫葫蘆。我的雙手跟隨他們的雙手。我們打了下針後打上針，打了上針後又打下針。過了一會兒，開始出現一件有趣的事。我的注意力集中了；我的心感到一陣輕鬆。

在我保持忙碌的幾十年中，我一直認為我的大腦掌控了全局，包括指揮我的雙手做事。我從來沒想過讓事情以相反的方向流動。但那就是編織所做的；它逆向而行。它把我那翻騰不已的大腦扣進後座，暫時讓我的雙手負責駕駛。它帶領我繞開我的焦慮，恰足以讓我得到一些緩解。每次拾起棒針，我總能感受那樣的對調，我的手指負責行動，大腦落在後頭。

我把自己交付給一件比我的恐懼、憂慮、憤怒以及強烈的無力感更小的事情。在那些微小、精確而重複的動作上，在棒針碰撞的輕柔節奏中，不知道什麼東西帶領我的大腦朝著新方向移動。它把我帶到一條特定的道路，一條能走出破碎的城市、通往寧靜山丘的道路，在那裡，我可以看得更清楚，可以重新找到幾座地標。我能重新看到美麗的祖國，看到人們的善良和美好；他們守望相助、感恩必要工作者做出的犧牲、照顧自己的子女。我能重新看到人群上街遊行，決心不讓另一個黑人之死無聲無息地淹沒在歷史之中。我能重新看見假如夠多人投票，我們就有機會換上新的領導人。我也能重新看見自己的樂觀。

正是站在這個安靜的有利位置上，我的目光才能超越我的憂傷和挫折感，找回失去的信念——相信我們每個人都擁有調適、做出改變和渡過難關的能力。我的思緒轉向我的父親、南區阿公、嬤嬤以及在他們之前的世世代代祖先。我想起他們必須長年縫補、修理以及背負的東西，以及他們因為相信兒女和後代子孫能過上更好的生活而對生命生出了信心。除了實現他們為之掙扎與犧牲的目標，我們怎能有其他做法？除了繼續消除存在於美國生活核心的不公現象，我們怎能有其他做法？

不斷拖延撰寫黨代表大會的演說稿之後，我終於知道我想說些什麼。我將我的思緒化為文字，幾番修改，然後八月初的一天，我坐下來，在租來的一個小空間錄製我的演說，身旁只有少數幾個人。我凝視攝影機的黑色鏡頭，說出我最想對我的國家說的話。我用憂傷而熱情的口吻訴說我們業已失去但仍然可以找回來的一切。我以最率直的態度，直陳川普沒有能力迎接我國和全世界面臨的挑戰。我談論同理心以及抵制仇恨和偏執的重要性，並呼籲大家都去投票。

從某些角度看，這是一段簡單的訊息。但在此同時，我覺得那是我發表過最激烈的演說。

那也是我第一次在沒有現場觀眾的情況下發表重要演說，這意味著沒有舞台，沒有如雷的掌聲，沒有從天花板飄落的五彩紙片，事後沒有任何人跟你交換擁抱。正如大半個二〇二〇年，整件事透著古怪和一點點寂寞。然而，那天夜裡入睡時，我知道我成功走出了黑暗，並且善用我所處的那一刻。我感到前所未有的清醒，如火山爆發般強烈，那是你站在生命的絕對核心發出肺腑之言所能得到的感受。

說起來也許很奇怪，但假如我不曾經歷被迫靜止的日子、發現編織帶給我的穩定，我可能永遠到不了那個境地。我得從小處入手，才能再次思索大方向。當每件事情的巨大程度令我望而生畏，我需要靠雙手帶領我重新認識美好、簡單和有志竟成。事實證明，這些感受意義重大。

如今，我在跟母親講電話的時候、在跟辦公室團隊進行視訊會議的時候、在夏日午後朋友來我們家的後院小坐的時候編織。編織讓觀看晚間新聞變得不那麼令人煩躁，讓生活中的某些時刻不那麼寂寞，也幫助我以更合理的角度思索未來。

我不是在告訴你編織是萬靈丹。它不會終結種族歧視、消滅病毒或戰勝憂鬱。它無法創造公平正義的世界、減緩氣候變遷，或修補任何一個失靈的大環節。它太微小，力有未逮。

它太微小了，簡直不痛不癢。

而這就是我要傳達的部分重點。

我逐漸明白，有時候，當你故意把小事放在大事旁邊，大事會變得比較容易應付。在每件事情開始顯得巨大無比，因而變得可怕且無法克服的時候，在我想太多、看太多或情緒太過激烈的時候，我學會選擇從小事入手。當我滿腦子想著災難與厄運，根本無法運轉，當我因為認定怎麼做都不夠而深感無力、焦躁感開始翻湧時，我拾起棒針，讓雙手接掌大局，默默地以咔搭咔搭的撞擊聲帶領我遠離困境。

在編織，一件新作品的第一針叫**起針**，完成的最後一針叫**收針**。我發現這兩種動作帶給人無比的滿足，就像為一件可以管理、可以窮盡的事物固定了兩端。在這個永遠混亂而未完成的世界，帶給我有始有終的感受。

當你覺得快要被周圍的事情吞沒，我建議你嘗試朝另一個方向前進——從小處入手。尋找可以幫助你梳理思緒的事情，一件可以讓你暫時感到心滿意足的事情。我指的不是無所事事地坐在電視機前或滑手機。找一件需要積極投入的事，一個既需要動腦也需要運用肢體的活動。沉浸在過程中，並原諒自己暫時逃避風暴。

或許，你和我一樣對自己很嚴苛。或許，每個問題在你眼中都十萬火急。或許，你希望成就一番大事業，不斷以大膽的計畫驅策自己，不浪費一丁點時間。這些都很好，胸有大志沒什麼錯。但你偶爾得放縱自己享受小小的勝利。你會需要後退一步，讓你的大腦從種種難題和憂慮中喘一口氣。因為難題和憂慮一直都在，絕大部分有待完成、有待解決。坑洞始終都很巨大，答案得之不易。

所以在此同時，不妨爭取一次小小的勝利。要知道，在小事情上取得成果、投入與你的大志或更大的夢想相鄰的工作，是無可厚非的事。找到你可以積極完成並付出自我的一項活動，即使除了對你，這件事對任何人都沒有直接的好處。你可以花一下午為你的浴室貼壁紙，或烘焙麵包，或彩繪指甲，或製作珠寶；也可以花兩小時一絲不苟地撰寫媽媽的炸雞食譜，或花十小時在你的地下室搭建巴黎聖母院模型。允許自己享受全神貫注的過程。

我離開白宮之後不久做的一件事情，是協助成立一個名為「女孩機會聯盟」（Girls Opportunity Alliance）的非營利組織，為青少女以及全球各地致力於促進女童教育的草根領袖提供援助。二〇二一年底，我透過該計畫與一群年輕女性共處一段時光，她們都是來自芝加哥南區和西區的高中生，其中最年輕的幾個只有十四歲。一個星期四放學後，我們十多個人圍成一圈，交換故事。我從這些女孩身上看見自己——我在同樣的街道長大，在同一個公立學校體系求學，身旁圍繞著同樣的議題——而我但願她們也能從我身上看見她們自己。

和世界各地的許多學生一樣，受疫情影響，她們有超過一年時間未能到校上學，至今依然為此感到不安。幾個人談起死於新冠疫情的親戚。一個年輕女孩描述她在同學之間看到的破碎感。另一人的哥哥不久前死於槍枝暴力；她強忍啜泣，努力把話說清楚。許多人提到她們壓力很大，試圖彌補失去的時間、失去的動力——那憂傷而停滯的幾個月不僅讓她們自己，也讓她們的家人和社區付出了代價。這些損失是真實的，眼前的挑戰有如泰山壓頂。

「我真的很難過，因為我的高二大半年和高三一整年都被剝奪了，」一個年輕女孩說。

「感覺實在太孤單，」另一人說。

「幹勁一下子就消掉了，」第三人補充說。

第一個女孩再次開口。她名叫狄翁娜（Deonna），有著濃密的髮辮和圓潤的臉頰，之前已經開朗地向大家宣告她既愛烹飪又愛聊天。她說，受疫情所限最糟糕的部分是，它侷限了她的視野，讓她無法看到周圍環境（她居住的街區）以外的世界。「我們沒有太多機會走出去探索和觀察不同的事物，」她說，「我們所能看見的，無非槍擊、毒品、骰子和幫派。所以我們究竟該學些什麼？」

她補充說，她花時間照顧祖母、兼差打工、避開街坊的小混混，並且完成高中學業以便上大學學習烹飪藝術。而她真的**累了**。

「事情就這麼一樁樁、一件件壓過來，」狄翁娜說，不過她快速聳聳肩，似乎又恢復了朝氣。「但我知道我辦得到，所以其實並非**那麼**難熬……」她環顧四周，看著頻頻點頭的其他女孩，然後添上最後一句供詞：「可是真的很難熬。」

這時，所有人都笑了，點頭如搗蒜。

我明白狄翁娜的意思，也明白令大夥兒點頭的原因：內心在我們究竟辦不辦得到之間來回擺盪。某一天可能很辛苦又不那麼辛苦；某一項挑戰可能看起來十分艱巨，過一會兒似乎變得可以克服，然後兩小時後再次令人難以招架。事情不僅取決於你的情況，也取決於你的心情、態度和立場——這一切都可能在轉瞬間改變。我們被最微不足道的因素鼓舞或擊垮——陽光是否燦爛，我們的頭髮看起來怎樣，我們睡得好不好、吃得好不好，是否有人會費心向我們投來善意的目光。我們可能會也可能不會大聲承認把我們許多人擊潰的其他各種力量，那些被幾代的體制壓迫塑造而成的社會條件，但它們確實存在，毫無疑問。

當傾訴痛苦或細數自己的損失時，我們許多人會小心翼翼、字斟句酌，明白這些話可能被誤認為是在自怨自憐；對一個想要跳躍歷史障礙、跨過藩籬的年輕黑人女孩來說，這麼做似乎很難看，是在浪費寶貴的時間。我們因抱怨而愧疚，因為我們知道許多人的情況比我們更糟。所以我們該怎麼做？我們將自己的長處展露給全世界，然後把其餘一切——我們的脆弱和憂慮——藏得嚴嚴實實，不讓別人看到。不過私底下，在內心深處，我們正騎著蹺蹺板，在**我可以辦到**和**難以負荷**兩種感覺之間來回擺盪。

就像狄翁娜說的：其實並不難熬，但真的很難熬。

我那天在芝加哥會見的好幾位學生表達了對更大議題的憂慮。她們說，她們因為無法為家人、為鄉里、為這個國家的所有殘缺、為這個星球的種種病症，以及為所有尚未解決的問題做出貢獻而覺得內疚。她們心懷天下，卻覺得無助和一點點氣餒。除此之外，她們也為自己的氣餒感到羞愧。人世間有這麼一群成熟、富同情心且憂國憂民的十五、六歲少女，我們無疑非常幸運，但是且讓我們停下來想想，她們每天上下學背負的是多麼巨大而沉重的包袱。那怎會不令她們覺得難以負荷？

我經常接到人們的電子郵件和信件，他們在字裡行間帶著某種急迫感，表達出遠大的夢想和洶湧的感受。其中許多人發出下面一項或甚至兩項宣示：

我想有所作為。

我想改變世界。

這些訊息洋溢著激情與善意，往往出自年輕人之口。他們對自己見到且想要糾正的一切問題、對自己意圖達到的一切成就，表達出某種痛苦掙扎。信中還普遍瀰漫刻不容緩的感覺，而這當然是年輕和熱情的標記。二〇二〇年，喬治．佛洛伊德（George Floyd）遭殺害的一星期後左右，我接到一位名叫伊曼（Iman）的年輕女子來信。「我想要**馬上**改變整個體系，」她寫道，「我迫不及待想修正所有事情。」她接著補充說，她只有十五歲。

一位名叫蒂芬妮（Tiffany）的少女最近從佛羅里達寫信給我，勾勒出她的夢想：「我想用音樂、舞蹈和戲劇接管這個世界，」她說，「我希望像碧昂絲（Beyoncé）一樣稱霸歌壇，還要**更厲害**。」她有強烈動力去實現她的人生使命，希望令父母、祖父母和列祖列宗以她為榮。「我想要實現所有夢想，」她宣布，然後補充說，「可是有時候，我的心理健康阻礙了我。」

在此，我不僅要對蒂芬妮說，也要對試圖在這世上種種巨大、猛烈而急迫的紛亂中找到目標的任何一個人（不論年輕與否）說：**沒錯，確實如此。當你想有所作為，當你想改變世界，你的心理健康有時確實會成為阻礙**。

那是因為事情**本該**如此。健康的基礎是平衡，平衡則建立在健康之上。我們需要仔細、甚至警覺地照顧我們的心理健康。

你的心靈不斷笨手笨腳地抓住扶手，在你思索如何處置你的熱情、野心、遠大夢想以及你的傷痛、侷限和恐懼時，設法幫助你穩步前進。它有時候或許會踩剎車，試圖讓你稍微放慢速度。當它察覺問題——例如當你跑得太快或採用一種無法持久的做法，或者當你陷入思維障礙或有害的行為模式——它或許會發出求救信號。留意你的感受，不要漠視身心發出的訊號。而且，當你或你認識的人遭遇難題、苦苦掙扎，別怕向外求援。有許多資源和工具可以幫助你（我在本書結尾列出了一些）。我們許多人尋求專業支持以維持心理健康，例如跟諮商師或學校的輔導員交談、打熱線電話，或諮詢醫療服務人員。請記住，你從不孤單。

沒關係，你可以調整腳步、休息一下、大聲說出你的掙扎。沒關係，你可以把你的身心健康擺在第一位、養成休息和復原的習慣。當談到希望為世界做出貢獻，我覺得把那些巨大的、一不做二不休的目標化整為零，切割成許多小塊，可能也有幫助。這樣一來，你比較不會覺得招架不住、精疲力竭，或陷入徒勞無益的感覺。

這些都不算挫敗。會擊敗人的，是當「偉大」變成「優秀」的敵人——當我們被事情的巨大程度所困，以致還沒出發就裹足不前；當問題顯得如此龐大，以致我們放棄一小步一小步前進，放棄管理我們實際能控制的部分。別忘了優先處理你**能**處理的事，即便只是為了保存力氣並擴大你的可能性。或許是專注於完成高中學業。或許是花錢的時候特別節制，以便未來能有更多選擇。或許是努力跟他人建立長久關係，以便日後得到更多支持。別忘了，解決大問題或成就大事業往往得費時多年。我猜想，蒂芬妮想告訴我的是，她有時無法召喚主導世界和超越碧昂絲所需的力氣和熱情。我也猜想，伊曼很難一直維持想要**馬上改變整個體系**的熾熱決心。

那就是我們需要記得以「小」搭配「大」的原因；兩者是很好的搭檔。小小的行動有助於守護幸福感，讓我們免於被各種巨大的目標吞噬。事實證明，心情愉快的人比較不容易喪失鬥志。研究顯示，比起活得沒那麼快樂的同輩，活得比較快樂的人更可能採取行動對付重大社會議題。[5]這印證了我們為什麼應該狂熱地照顧自己的身心健康，就像狂熱地投入你最大的信念那樣。當我們允許自己把小小的勝利視為重大而有意義，我們才能開始明白改變需要日積月累——一張選票可以如何改變我們的民主、養育出一個完整且受到疼愛的孩子可以如何改變一個國家、教育一個女孩可以如何使整個村莊變得更好。

我住在白宮的時候，每到春天，我們會在南草坪的花園種植所謂的菜園「三姊妹」，在同一個地方混合栽種玉蜀黍、四季豆和南瓜。這是美洲原住民傳統上種植糧食的巧妙方法，數百年來被廣泛運用。它的基本概念是每一種植物都能對另一種發揮某種重大作用：玉蜀黍長得高，是供四季豆攀爬的天然棚架；四季豆能提供氮氣，這是幫助其他植物有效生長的必要養分；南瓜則匍匐地面，以其蔓生的寬大葉片防止雜草滋生，並保持土壤濕潤。這幾種蔬菜以不同的速度生長，在不同時候收成。但這樣的組合創造了一個互惠互利、相互保護的系統——高矮不同的植物彼此截長補短。不是只種玉蜀黍，或者只種四季豆，而是玉蜀黍、四季豆和南瓜結合起來帶來豐碩的收成。平衡來自於三者的組合。

我開始以這樣的角度思索我的人生以及更廣大的人類社會。我們共享利益、彼此保護。我們的平衡有賴這樣的理想，有賴這些組合的豐富性。當我開始感到失序，當我覺得孤立無援或不堪重負，我會去清點院子裡的蔬菜，看看我種了什麼，以及還需要融入什麼：是什麼在滋養我的土壤？是什麼在杜絕雜草？我栽種的蔬菜是否有高有矮？

對我而言，這成了一項寶貴的練習，是我可以依靠的另一種工具：我學會去體會和品嘗平衡——在我最平靜、最專注、頭腦最清晰的時候去享受並記下那些時刻——還要理性地分析是什麼幫助我進入這樣的狀態。我發現，當你能以這種方式剖析自己，你會更容易覺察自己的失衡，尋求你所需要的幫助。你會開始讀懂自己內心的危險訊號，在情況失控之前先解決問題。我剛剛是不是對我愛的人發脾氣了？我是不是在擔心我無法掌控的事？我的恐懼是不是在加速增長？

一旦我發現自己失去平衡，我首先翻找我的工具箱，嘗試不同方法讓自己重回正軌。其中許多都很微小。有時候，我需要的無非出門散散步，或者透過運動健身讓自己大汗淋漓，或者睡一夜好覺。或者打起精神做一件簡單的事，例如整理床鋪。或者只是沖個澡，換一身體面的衣服。另一些時候，我需要的是跟朋友長談，或者花時間獨處，寫下自己的思緒。某些情況下，我明白我只需要停止迴避我一直在拖延的某件事——某項計畫或者某種互動。有時候，我發現我因助人而得到幫助——哪怕只是做一件小事令某個人的一天過得更輕鬆愉快。很多時候，一次開懷大笑就能令我重新調整心情。

那天在芝加哥和女孩們圍坐在一起，我問她們做了什麼來對抗疫情造成的損失、停滯和壓力，哪些小事曾帶給她們慰藉。就某方面而言，我是在幫助她們認清自己的失衡，並找到她們擁有的、可以撫慰且穩定她們的工具。就這樣話鋒一轉，我們擺脫了重大憂患的話題，跳開我們提到的種種焦慮。氣氛高昂起來。答案來得很快，女孩們開始發出更多笑聲。幾名學生談起舞蹈和音樂幫助她們熬過難關。另一些人說運動也有同樣效果。一個名叫洛根（Logan）的女孩自豪地表示她背下了音樂劇《漢密爾頓》（*Hamilton*）每一首歌的每一句歌詞，只是想這麼做，沒有任何理由。

正是這些小小的調整幫助我們解開巨大的結。正是「只是想這麼做，沒有任何理由」的做法滋養了我們的土壤。我發現，小小的勝利也可以累積。一項小小的功績會引來另一項功績，一次平衡會創造更多次平衡。有時候只是靠嘗試一件新事物、完成一件看似微不足道的任務，我們可以引導自己一點一滴走向更偉大的行動和更深遠的影響。

我在十四歲的艾蒂森（Addison）身上看見了這一點。她告訴我們，在疫情爆發之後那艱難的頭幾個月，她開始製作影片分享給無法串門走動的親戚朋友，這最終啟發她寫了一份營運計畫書，創立自己的製片公司。而麥迪森（Madison）則因為喬治・佛洛伊德之死引發的騷亂和哀傷氣氛深感痛心，她開始當志工，參與當地的食物募捐行動和社區大掃除，發現這些工作幫助她變得更懂得感恩、更腳踏實地。還有寇特妮（Kourtney），她說她在家躺平了好幾個月，後來意識到「我需要走出我的小框框，做點什麼」。於是她決定嘗試（透過虛擬活動）競選學生會長，最後落敗。「但我跨出去了！」她對大夥兒宣布，為自己曾付出努力而洋洋得意。事實證明，失敗的競選活動帶給她意想不到的新信心，進而激勵她創立青年組織，在社區展開志工活動。

這就是「小」的力量。中間步驟很重要，因為投入眼前的工作可以令人感到快慰，因為開始動起來更容易帶領你走向終點。

這就是我從**難以負荷**回歸到**我可以辦到**的方法。

這就是我們不斷成長的方法。

當你開始嘗試新的事物，你不一定看得到最終會走向哪裡。你必須能夠接受自己對結局茫然無知。在編織，你起了第一針，然後跟著編織圖操作——不懂編織的人可能覺得晦澀難懂的一串字母與數字。編織圖告訴你以什麼順序下什麼針法，但情況可能得過一段時間才會逐漸明朗——圖案本身才會逐漸浮現出來。在那之前，你就只是移動雙手，遵照每個步驟。就此而言，這是一種信仰行為。

這提醒了我，事情終究不是那麼微不足道。我們以最微小的方式實踐信仰，而在實踐過程中，我們想起了人生的可能性。在這樣的信念下，我們說**我辦得到**，我們說**我在乎**。我們絕不放棄。

透過編織——正如透過生活中的其他許多事情——我了解到，要獲得更大的答案，唯一方法就是一次織一小針。你一針一針地織，直到織完一整排。然後你往上織第二排，接著往上織第三排，再往上織第四排。最後，靠著努力和耐心，你開始隱約看出圖案本身。你看見某種答案——你所期盼的那件事——某種新的安排在你手中現出雛形。

也許那是你帶到產前派對送給朋友的一頂綠色嬰兒帽。也許那是你送給在夏威夷出生、冬天很怕冷的丈夫的一件圓領毛線衣。也許那是你用羊駝毛打出的一件有漂亮線圈吊帶的削肩上衣，在你十九歲的女兒笑著抓起車鑰匙、從你身旁衝向大門、走進這個混亂不堪且永遠不完整的世界時，跟她漂亮的棕色皮膚相得益彰。

而就在那一兩分鐘裡，你可以看見事情並非徒勞——你所做的剛好足夠。

那或許也算進步。

反正我喜歡這麼想。

所以趕緊起針吧。

▲站在巴拉克身旁的毛茸茸的《星際大戰》角色——武技族的丘巴卡（Chewbacca the Wookiee）——把莎夏嚇壞了，她躲回房間，直到我們向她保證他已離開萬聖節派對。

▼我們全家為隔年的白宮萬聖節派對盛裝打扮——丘巴卡沒有再度受邀。

第2章 解碼恐懼

小時候，我哥哥克雷格最喜歡恐怖的東西。他似乎完全不會被嚇到。夜裡，他會躺在我們在歐幾里得大道（Euclid Avenue）上共用的房間，聆聽專門講鬼故事的調幅廣播節目幫助他入眠。透過將房間分隔成我和他各自空間的單薄隔板，我會聽到廣播節目主持人用男中音娓娓述說墳場和殭屍、陰暗的閣樓和死掉的船長的故事，中間穿插刺耳的音效——吱吱作響的門、劈哩啪啦的爆裂聲，還有驚恐的尖叫聲。

「關掉收音機！」我會從我的床上大吼大叫，「我受不了了。」

但他不會有任何動靜。這個時候，他多半已經睡著了。

克雷格也愛看一個叫作《魔怪奇譚》（*Creature Features*；暫譯）的電視節目，該節目專門在星期六晚上重播各種邪怪電影。有時候，我會鬼迷心竅地陪他一起看，我們兩個裹著毛毯窩在沙發上，全神貫注地觀賞《狼人》（*The Wolf Man*）、《吸血鬼》（*Dracula*）和《科學怪人的新娘》（*The Bride of Frankenstein*）這類經典老片。或者更確切地說，我全神貫注地看電影，克雷格其實沒那麼入戲。我會感覺情節融入我的骨髓。當棺材嘎吱一聲打開，屍體被挖出來，我會坐在那裡，心臟瘋狂地怦怦亂跳。當木乃伊甦醒過來，我會嚇得哭出來。

在此同時，我的哥哥從頭到尾面帶笑容，看得津津有味，但也平靜得詭異。等到片尾字幕開始滾動，他通常已經睡得不省人事。

克雷格和我並肩坐在同一張沙發上，看的是同一部電影，但我們顯然有不同的體驗。關鍵就在於我們透過怎樣的濾鏡看事情。當時，我沒有任何濾鏡：我看到的全是怪物，感受到的全是恐懼。克雷格帶著比我年長兩三歲的優勢，能夠以更寬廣的視角、更豐富的脈絡看清一切。這讓他得以欣賞怪物、享受戰慄的快感，卻從來不被恐怖情節綁架。他可以看穿眼前所見：那些是穿著怪物道具服的演員，他們都在電視螢幕上，而儘管他的妹妹嚇得半死，他安安穩穩地坐在沙發上，安全得很。

對他來說不算什麼，對我來說卻有如地獄般煎熬。

然而，我不斷重新走回頭路。每隔幾星期，我會噗通一聲跳上沙發，坐在克雷格身旁，準備好觀賞另一集《魔怪奇譚》——一部分是因為我想把握和哥哥相處的每次機會，但除此之外，我想，我也希望一邊看著殭屍和怪物，一邊學會不怕去害怕。

我始終沒有像哥哥那樣愛上恐怖電影。直到今天，我發現自己對那類快感絲毫不感興趣。

不過長此以往，我倒是體會了直面恐懼與焦慮、努力在令我害怕的情況下調適自己的好處。

我有幸在一個還算安全穩定的環境中長大，被可以信任的人包圍；我知道，這給了我一定的基準線去體會安全和穩定的感覺——不是每個人都幸運地擁有這樣的優勢。當談到恐懼，對於其他人的經歷，我所見所知的實在太少。好比說，我從來不必在家暴中求生存；我從未親身體驗戰爭。我的人身安全偶爾受到威脅，但幸好從未受到傷害。然而，我是住在美國的黑人，是生活在這個父權世界的女性。我也是個公眾人物，受到人們的批判與評論，有時甚至成為憤怒與仇恨的目標。我偶爾得跟緊張的情緒搏鬥，偶爾會覺得自己陷入我寧可不必面對的危險。和許多人一樣，當我公開露面、表達我的觀點或嘗試新事物時，我必須對自己精神喊話，想辦法鼓起勇氣。

我在這裡描述的多半是抽象的恐懼——害怕出糗、害怕被拒絕、害怕事情出錯或有人受傷。但我也逐漸明白，不論你是誰、長相如何或住在哪裡，危險已融入人類的生活經驗當中。我們或許遭遇不同的危險、面對不同的利害得失，但沒有人可以幸免。想想看，《牛津英文字典》把「危險」（jeopardy）定義為**有損失、受傷或失敗之虞**。我們當中有誰不對這些危險知之甚詳？誰不擔心損失、受傷或失敗？我們都在不斷梳理自己的恐懼，試圖分辨真正的緊急情況和編造出來的危險。在經常把恐懼當成賣點的媒體環境中，這點特別難做到。好比說，二〇二二年一月，福斯新聞（Fox News）為了回應不斷攀升的暴力犯罪率，以跑馬燈[6]寫著「末日煉獄佔領美國城市，這是文明崩潰的實況轉播」，基本上創造出專屬於該電視台的恐怖電影版的美國。他們所說的要是有一點點屬實，你恐怕都不知道該做何反應。我們要是有人還願意離開家門，或者還以為我們可以活著見到二〇二三年，想想都令人震驚。

但我們確實願意離開家門，確實相信可以見到二〇二三年，也一定會做到。

的確，這是充滿挑戰的時代。的確，就連正當的新聞報導都可能引發嚴重恐慌。但是當我們因恐慌而陷入癱瘓，當恐慌剝奪了我們的希望和行動能力，我們就真的陷入大麻煩了。這就是我認為我們需要仔細判斷我們的憂慮並學會消化恐懼的原因。我相信，我們在害怕時做出的選擇，往往決定了我們人生中的重大後果。

目標不是完全擺脫恐懼。我這一生見過許多勇者，包括平民英雄到瑪雅·安傑盧和尼爾森·曼德拉（Nelson Mandela）這類巨人——從遠處來看似乎與恐懼絕緣的人。我曾經跟世界級領袖同桌而坐（以及同屋而居），他們經常制定既能讓人陷入危險也能挽救生命的高壓決策。我見過能毫無保留地在上萬名觀眾面前展現自己的表演者、為了保護他人的權利而願意付出自由和安全的社運人士，以及以大膽的精神為創造力提供燃料的藝術家。我得說，他們當中沒有任何一個人會說自己無所畏懼。相反的，我認為他們的相似之處，是具備與危險共存的能力，在危險面前依然能夠維持平衡和清晰思考。他們學會了不怕害怕。

什麼叫不怕害怕？對我來說，這個觀念簡單易懂。重點在於明智地處理恐懼，找到方法讓緊張情緒引導你而非阻擋你，鎮定地面對人生中不可避免的殭屍和怪物，更理性地克服它們，並信任自己的判斷，明辨什麼有害而什麼無害。當你以這種方式生活，你既不是完全不害怕，也不是害怕得魂不附體。你相信兩者之間有個中間地帶，學會站在這個地帶行動，清醒而覺察，但不會躊躇不前。

我最早的童年記憶之一，是在四歲左右的時候，被挑中參加我的羅碧姑婆（Robbie）為她的教會籌畫的節日特別表演。我記得自己因為這個機會雀躍不已，因為那意味著我可以穿上漂亮的紅絲絨洋裝和漆皮鞋子，而我唯一的任務，就是在台上的聖誕樹前開心地轉圈圈。

然而，參加彩排時我遇到了始料未及的事。羅碧和她勤奮的女教友團隊已經以充滿節慶氣氛的金粉道具布置好表演區域，在聖誕樹周圍擺滿包裝好的禮物，和看起來幾乎跟我一樣高的幾隻超大型絨毛動物。其中最顯眼的要屬一隻長得很恐怖的綠色烏龜，就擺在我應該要站立的位置旁。它的頭怪異地歪一邊，兩顆巨大的眼睛用黑色絨布製成。看到那隻烏龜，我的腦子響起了警報聲。不知道為什麼，它讓我全身僵硬，呆若木雞。我搖著頭，強忍淚水，拒絕上台。

回過頭來看，我們的兒時恐懼可能看起來有點蠢，我的也不例外。它們通常是我們對未知、對我們還無法理解的事物油然而生的本能反應：**天空中那個劈哩啪啦轟隆作響的東西是什麼？我床底下的黑暗空間可能住著什麼？那個長得跟我平常見到的人都不一樣的新來的傢伙是誰？**這些問題底下存在著另一組同樣出於本能的問題，指引著幼小的心靈做出反應：**這個陌生的東西會傷害我嗎？我憑什麼信任它？尖叫著跑開會不會更好？**

莎夏只要想起我們在白宮的第一次萬聖節派對，仍然忍不住顫抖。那次，我們為軍眷和其他數百人敞開大門，以點心、奇裝異服和各種表演來慶祝節日。鑑於我們的大多數客人——包括我們自己的兩個孩子——都不到十歲，這場活動特地以不嚇人為設計原則，不超出輕鬆有趣的範圍，只除了我做了一個招致毀滅而且事後證明**幾乎不可**原諒的決定，邀請《星際大戰》的幾個角色參加這場派對。

根據小莎夏看見武技族的丘巴卡之後哭了多久、多大聲來判斷，你會以為我邀請了撒旦本人。對她來說，穿著這身棕色毛皮服裝的男人其實安靜斯文，或者派對上沒有其他小孩因為他出現而有一點點驚慌的事實，全都毫無意義。我這個平時很勇敢的小女兒徹底嚇壞了。她逃離派對，接下來幾小時躲在樓上臥房不願意出來，直到我們再三保證丘巴卡已經離開白宮。

她的武技人就是我的烏龜。在我們還不完全明白事物應有的樣貌時，他們就像入侵者，闖入我們尚在開發的感官世界。

仔細想想，恐懼通常就是這麼來的；恐懼是我們對失序與差異，以及闖入我們意識的某種陌生而嚇人的東西所做的本能反應。它在某些情況下可能十足理性，而在另一些情況下則完全不理性。這就是學習過濾恐懼真的很重要的原因。

話說我參與的節日特別表演，我記得我那不苟言笑的羅碧姑婆給了我一個嚴峻的選擇。她要管理一大群表演者，時間緊迫，不打算慣著任何人：我可以跟台上聖誕樹旁的填充動物混熟一點，然後穿著我的紅洋裝在一大群觀眾面前耀眼地旋轉，或者，我可以坐在媽媽的腿上，看著少了我的節目照樣進行。印象中，羅碧一邊聳肩一邊傳遞這項訊息：用意在於表示一切取決於我，我得自己承擔後果。隨便我要不要表演，對她來說其實沒什麼不同。她不打算遷就我的恐懼，把那隻烏龜搬下舞台。

我想，從我最終（在流了更多眼淚並生了一陣悶氣之後）決定咬著牙走上台，心跳加速地朝聖誕樹靠近，可以看出我多麼熱愛那件紅絲絨洋裝，以及我多麼熱切地想炫耀自己。我現在明白羅碧在這件事情上的明確立場對我產生了多大幫助。她給了我機會權衡我的選項，讓我看清我的恐懼是否理性。不管她是否知道自己在做什麼，或者只是忙得沒空多費工夫，她允許我自行解碼我的恐懼。當然，前提是她知道烏龜不會造成傷害。她留待我自己去發掘真相。

當我慢慢挨近聖誕樹旁的指定地點，我驚訝地發現，烏龜沒有我想像中那麼巨大。靠近來看，它的眼睛一點兒也不凶惡。我可以看清它的真面目：一個柔軟、動也不動、不具威脅性的東西——甚至有一點點可愛。沒有危險，只有陌生感。在幼小的心靈中，我消化著踏上陌生舞台後感受到的恐懼。無可否認，那是一種不舒服的感覺，但一分一秒過去，隨著我慢慢熟悉一切，那種感覺漸漸消失。當我從烏龜旁邊走過，我感覺腳步輕盈，可以自由地盡情旋轉。

而我就是那麼做的。演出當天，我在台上顯然非常賣力——我的裙襬飛揚，臉蛋因狂喜而發亮——以致我的父母從頭到尾又哭又笑，流下歡欣的眼淚。事實證明，一次小小的教會彩排，為我預演了未來人生的各種時刻。那是我第一次嘗試以理性壓制我的緊張情緒。

我想，我們許多人花了數十年時間反覆穿越同一個心理地帶，凝視著等同於烏龜的這個或那個恐懼，猶豫著是否要踏上這個或那個舞台。恐懼具有強大的生理力量。它如電流般襲來，喚醒身體的警覺。當遭遇陌生情境，在我們碰到陌生人或陌生的感覺時，它經常猛然給我們一擊。焦慮是恐懼的近親，它更分散，而且或許更強大，因為它有能力在甚至沒有立即危險的時候——在我們只是想像著事情可能出什麼差錯、擔心**也許會出現**的狀況時——刺激我們的神經。但從小到大，那些問題基本上保持不變。**我安全嗎？有什麼風險？我承擔得起接納新事物，讓我的世界變得更寬廣一點嗎？**

一般來說，新奇的事物幾乎總需要更謹慎對待。但問題來了：我們偶爾會過度遷就我們的恐懼。我們很容易把猛然襲來的恐懼或焦慮，誤認為指示我們後退一步、不要亂動、避免體驗新事物的信號。

隨著年齡增長，我們面對恐懼、壓力和其他種種令人生畏的感受時，會以更微妙的方式反應。我們或許不再像小時候那樣尖叫著跑開，但我們仍然以不同的方法退縮。大人的逃避等同於小孩子的尖叫。或許，你不打算申請升職；你不走向前，對你仰慕的人介紹自己；你不報名參加你覺得會有難度的課程；或者不跟你還不清楚其政治或宗教觀點的人攀談。當你試圖讓自己免於因冒險而憂慮緊張，你很可能讓自己錯失了某個機會。當你只墨守自己已知的一切，你的世界就變小了。你在剝奪自己成長的機會。

我想，這個問題始終值得你捫心自問：我之所以害怕，是因為我遇到了真正的危險，或者只是因為陌生的事物逼上門來？

要解碼恐懼，你必須停下來思索我們的本能，分析我們退避的是什麼、我們或許更願意追求的是什麼，以及最重要的是，我們為什麼退避或追求。

這些也可以用來說明更廣大的社會問題。當我們逃避陌生和不同的事物、放任內心的衝動，我們更可能追求並優先考慮生活中同質的層面。我們可能聚集在以同質性為基礎的社區，以從眾來逃避恐懼，尋找慰藉。然而，當我們將自己埋在同質性中，我們只會更容易被差異性嚇到，越來越不習慣我們並不熟知的任何事情——或任何人。

假如恐懼是對新奇事物的反應，那麼我們或許可以認為偏執通常是對恐懼的反應：你為什麼一見到穿連帽衫的黑人男孩就趕緊走到街道的另一邊？為什麼一個移民家庭搬到隔壁之後，你就立刻把你的房子掛牌出售？兩名男子當街親吻為什麼會讓你覺得受到威脅？

我想，我這輩子最焦慮的一刻，是巴拉克第一次告訴我他想競選美國總統的時候。我發現那樣的前景著實嚇人。也許更糟的是，當我們在二〇〇六年末的幾星期斷斷續續討論這件事情，他明白表示決定權其實操之在我。他愛我，他需要我，我們是搭檔。也就是說，假如我認為這項行動風險太高，或者認為會為我們家製造太多問題，我可以停止這整個過程。

我所要做的就是說「不」。相信我，儘管我們周圍有形形色色的人力勸巴拉克參選，我已經差不多要喊停了。然而我知道，在我喊停之前，我至少欠他——以及我們——對這項選擇做一次誠實的思考。我必須想辦法克服一開始的震驚，也必須篩掉憂慮，找到我最理性的思維。這個似乎既荒誕又嚇人的念頭在我腦中盤旋兩三個星期，在上班途中、在上健身房劇烈運動、在把兩個女兒送上床、夜裡在丈夫身旁躺下的時候，這件事情始終在我腦海中縈繞不去。

我明白巴拉克想當總統，也確信他會成為一位了不起的領袖。但與此同時，我個人並不喜歡政壇生活。我喜歡我的工作，一心一意想讓莎夏和瑪莉亞過上安穩而平靜的生活。我不喜歡混亂和動盪，而我知道競選活動會讓一大堆事情變得難以預料。我也知道，我們將等於把自己敞開來供人議論。**大量**的議論。當你競選總統，你基本上是在邀請每個美國人以他們的選票來認同你或反對你。

讓我告訴你，那很嚇人。

我告訴自己，說「不」會是一種解脫。如果我說「不」，生活就會維持原樣。我們將在原本的房子、原本的城市和原本的工作中繼續享受安逸，身旁圍繞著我們原本就認識的朋友。不必轉學，不必搬家，什麼都不必改變。

就這樣，我的恐懼試圖逃避的東西終於真相大白：我不想改變。我不想要不適、不確定性或失控。我不希望我的丈夫競選總統，因為這整件經歷的另一面難以預料——簡直無法想像。當然，我的擔心是有道理的，但我究竟在害怕什麼？答案是新的事物。

意識到這一點幫助我更清晰地思考。不知怎麼地，它讓整件事情變得不那麼荒誕，不那麼嚇人。我可以把我的種種憂慮分解開來，讓它們不那麼難以負荷。這是我行之有年的一套做法——可以追溯到我在羅碧姑婆的舞台上和那隻烏龜的邂逅——巴拉克也採用過這套方法。我提醒自己，我們兩人過去都曾歷經許許多多改變，嘗試過許許多多新的事物。年少時，我們都曾離開家的安全網，赴外地求學。我們都曾轉換事業跑道。我們都曾在許許多多場合成為在場的唯一黑人，安然度過。巴拉克以前曾打贏、也曾輸掉選戰。我們面對過不孕、父母過世，以及養育小孩的壓力。那些不確定性是否曾讓我們感到焦慮？那些新的事物是否曾造成不適？當然，經常如此。然而這一路走來，我們難道沒有一步步證明自己變得更有能力、更有彈性？我們確實證明了自己。事實上，我們現在已經熟能生巧。

那就是最終令我回心轉意的原因。

想想真奇怪，我原本可能因一己的恐懼改變了歷史的進程。

但我沒有。我同意了。

最主要的是，我不想一輩子想著故事可能擁有的另一種結局。我不希望成為坐在餐桌旁談論自己沒有選擇的道路以及可能錯失的事情的那種家庭。我不希望有一天得告訴我的女兒，她們的父親曾有機會當上總統——他承載了許多人的信心，也有勇氣去幹大事，而我抹殺了這個可能性，推說是為大家好，其實只是因為我喜歡維持原樣，想要保護原本的安穩生活。

兩位祖父的遺風令我既覺得受到一點束縛，也有一點惱怒。他們都是驕傲的黑人男性，一輩子辛勤工作，妥善照顧家人，但他們的人生始終受到恐懼限制——通常是有形且合理的恐懼——世界因而變得狹小。南區阿公——我的外祖父——很難信任家人以外的任何人，而且簡直不可能信任白人，這意味著他對包括醫生和牙醫在內的許多人退避三舍，最終損害了自己的健康。他認定我們一旦離家太遠就會受到傷害，即便在他的牙齒爛光並對肺癌的早期症狀置之不理之際，仍然不斷為兒孫的安全操煩。他的家離我們兒時的家只有幾條街，那是他的宮殿，是一片安全而快樂的天地，爵士樂聲不絕於耳，每個人開懷地笑著、吃著、感覺被愛，但你很少在其他地方看見南區阿公。

我的另一位祖父——老爹——性情截然不同。他不像南區阿公那樣愛玩、愛熱鬧，但對這世界的猜忌卻不遑多讓。他的痛苦比較形諸辭色，和他的驕傲並立，兩者偶爾互相攪和，以憤怒表現出來。和南區阿公一樣，老爹也出生於吉姆．克勞（Jim Crow）時代（譯註：美國南方各州在一八七〇年代到一九六〇年代中期實施吉姆．克勞法，對有色人種進行種族隔離；吉姆．克勞時代即意指種族隔離的時代）的南方，幼年喪父，後來移居芝加哥，希望過上更好的生活，卻不僅恰好遭遇經濟大蕭條，也看清了存在於南方的種族階級制度同樣在北方根深柢固的現實。他原本夢想進大學，到頭來卻只能成天打零工，幫忙洗碗盤、到洗衣店打雜、在保齡球館排球瓶。修理、縫補、負重。

儘管我的兩位祖父都具備從事工會工作的智力與能力——老爹是一名電工，南區阿公則是木匠——但由於當時的工會很少允許黑人加入，他們都被拒於穩定就業的門外。雖然我在成長過程中，只隱約意識到我的祖父母和外祖父母四人都因為種族歧視付出了代價——對他們關閉的大門、他們不願談論的屈辱——但我明白他們其實別無選擇，只能活在被人強加的限制之內。我也看見那些限制帶來的影響，它們已深深刻入兩位祖父的靈魂，塑造了他們的性格。

我記得在我十幾歲的時候，有一天，媽媽在上班，我需要請老爹載我去看醫生。他盛裝開車到歐幾里得大道來接我，滿口咆哮、一臉倨傲，和我們每次去他的公寓看望他時一模一樣。一直到我們漸漸駛近市中心，我才注意到他緊咬的牙關和用力握住方向盤的雙手。他在一條他以為是雙向道的馬路怯怯地左轉進入車流，直到我糾正了他。不久後，他草率地變換車道，導致我們旁邊的車子急忙閃避並狂按喇叭，老爹驚慌之下闖了紅燈。

如果我的祖父是個酒鬼，我大概會以為他喝醉了。但事情壓根不是這樣。我意識到他嚇壞了；他在一個不熟悉的街區執行一項不熟悉的任務，整個人極度煩躁。雖然他當時大概已經六十五歲左右，但除了日常活動必經的幾個附近街區，他完全沒有走過其他道路。當時彷彿是恐懼本身在駕馭車輛，情況堪憂。

我們的傷痛成了我們的恐懼。我們的恐懼成了我們的限制。對許多人來說，這可能是世代相傳的沉重負荷，是很難反抗、很難卸下的枷鎖。

我的父母是他們自己父母的產物，換句話說，他們整體上是謹慎而務實的人，不輕易冒險，充分明白黑人在嘗試新的道路時與生俱來的危險。不過在此同時，我想，他們也看到了父母的侷限帶來的影響，看到了他們的世界變得相對窄小。如今，想到如果我拒絕讓巴拉克參選總統，我會錯過的所有機會——如果我讓恐懼阻礙了我，我將錯過的每一個人、每一項經歷，以及我對我們國家和整個世界的體認——我就驚愕不已。我感謝我的父母盡他們的力量打破了恐懼的循環，不讓他們的限制成了我們的限制。他們希望子女得到更多，活出不一樣的人生，自在地走出更寬廣的路。這樣的信念，顯現在他們如何教導我們解碼恐懼。

小時候，每當狂風暴雨在潮濕的夏夜席捲芝加哥，我總會嚇得魂飛魄散。父親會把我摟進懷裡，細細解說氣象的原理。他解釋說，空中的轟鳴聲不過是無害的氣流柱彼此撞擊的聲音，而且有許多方法可以避免被閃電擊中，例如遠離窗戶和水面。他從來不會叫我克服我的恐懼，也不會嗤之以鼻地把我的恐懼斥為荒謬而愚蠢。他只是以實在的知識來釐清威脅，給予我保持安全的工具。

與此同時，我的母親以身作則，在我害怕的每件事情面前顯得老練而鎮定。她把面目猙獰的蜘蛛掃下我們家的門前台階；我們每次經過附近的門多薩（Mendoza）家，母親會用噓聲趕跑從他們家前廊對我們狂吠的狗。一個周末清晨，克雷格和我趁著父母還在睡覺，成功地把兩片果醬餡餅放入烤麵包機裡烤焦冒火，母親瞬間出現，拔掉烤麵包機的插頭，平靜地將整團冒煙的爛攤子扔進水槽。

即便她還穿著晨褸半睡半醒，母親依然是能幹的女神。我如今懂了，能幹是恐懼的另一面。

克雷格和我從小在許多並不抽象的威脅中長大。芝加哥南區不是芝麻街，我們懂得避開某些危險的街區。我們有鄰居在房屋火災中喪生。我們見過人們因為債台高築而工資卻原地踏步，最終被趕出家門。我們家有無數的理由保持警覺——理由甚至比我小時候知道的還多。不過，父母教導我們的卻是如何理性地思索那份警覺心——解析令我們害怕的事情，幫助我們釐清恐懼何時為我們效力，何時會成為阻礙。

我的父母一點一滴地把哥哥和我培養成能幹的人，為我們創造機會，讓我們在每次征服新事物時都能享有確定感和支配感。我想，在他們看來，能幹是安全的一種形式；知道如何克制緊張照常往前跨出一步，本身就是一種保護。他們的職責是讓我們明白那是做得到的。例如，小時候，一開始幾次必須獨自步行上下學時，我害怕得半死，但媽媽堅稱我已經到了學習獨自上學的年紀。我那時候念幼稚園，只有五歲——大到足以認為我的母親瘋了。她真的相信我可以自己一個人走路上學？

但那正是媽媽逼我這麼做的原因。她明白她必須按捺她的恐懼，允許我發揮自己的能力，即便我當時還在念幼稚園。而且，由於她對我有信心，我也對自己有信心。儘管害怕得半死，我仍感到了一絲自豪與獨立，而這成了我的獨立人格的幾塊重要基石。

我還記得上學途中，我在最前面一個半街區邁出的危機四伏的每一步，也同樣清晰地記得在回家的路上，我在最後一小段路突然飛奔起來時，母親臉上的笑容。

她一直在我們家門前的草坪上伸長脖子等我，以便第一時間看見我從街角轉進來的身影。我看得出來，對於這整件事，她也有一點焦慮，也感到一絲絲恐懼。

但恐懼從未阻擋她，現在也阻擋不了我。她已經教會我如何不怕害怕。

我秉持同樣的理念養育我自己的兩個女兒。每當我跟一種強烈且根深柢固的衝動搏鬥——每當我想要保護孩子不受這世上一切可怕且有害的東西所傷——它屢屢令我停下來想一想。這一路走來，我總想為她們剷除敵人、擊退危險、護送她們度過每一次威脅。我明白，那是一種本能，是恐懼的產物。於是，我轉而努力學習我的母親，在她們摸索著變得自信而獨立、在她們單純靠著自己解決問題為自己製造安全之際，把自己牢牢釘在前院的草坪上。儘管我的神經在顫抖、心臟快跳出胸口，我仍目送她們離開，然後等待她們歸來。因為我的母親教會我，如果你試圖保護你的子女不必感受恐懼，那麼你基本上也阻礙了他們感覺自己很能幹。

帶著一勺恐懼出發，收穫一車能力回來。這是歐幾里得大道七四三六號的信條，也是我試圖傳承給子女的理念，即便我持續背負著我自己滿滿且持久的憂慮。我不怕害怕。

小時候，克雷格和我不看恐怖電影的時候，偶爾會在電視上看一位名叫埃維爾·克尼維爾（Evel Knievel）的著名摩托車特技演員表演。他或許是有史以來最古怪的一位美國英雄。他隱約在模仿貓王，身穿繡著星條旗的白色連身皮衣演出驚險動作，例如騎摩托車飛越一整排停放的汽車和灰狗巴士，或者試圖衝向天際，躍過愛達荷州的陡峭縱谷。他很魯莽，卻令人神魂顛倒。埃維爾·克尼維爾成功完成幾次跳躍，而在另外幾次跳躍中墜落。他斷過很多根骨頭，得過很多次腦震盪，有時會被自己的摩托車輾過，但總能設法一瘸一拐地走出來。那是奇蹟還是災難？當時似乎沒有人願意加以界定。我們就這麼看著那傢伙和他巨大、沉重的哈雷機車一次次發射出去，試圖飛翔。

二〇〇七年，我同意巴拉克參選總統後，感覺就有一點點像這樣——彷彿我們無視地心引力和常識的拉力，突然之間騎著摩托車飛向了空中。

人們常說「發射」（launching，意思是展開、推動）選戰，我現在明白為什麼了。感覺正是那樣——急遽加速，飛入高空。起飛跑道又短又陡。你和你的家人被猛然向外、向上發射，刻意以驚人的方式飆升，吸引大眾的目光。

對我而言，這樣的不確定性達到了前所未有的全新高度。畢竟，我是我的父母和祖父母的產物，也就是說，我不是一個跳躍者或飛行者，而是步步為營、一階一階拾級而上的攀爬者。和任何一個正常的摩羯座一樣，我喜歡在採取下一個行動之前先確認自己的方位。然而，在那速度飛快的總統大選平流層中，方位很難確認。步調太快、高度太令人暈眩、曝光率太高，更別提我們把兩個女兒綁在那輛瘋狂的飛天摩托車上跟我們一起冒險的事實。

正是在這段時間裡，我跟我的恐懼心理產生了更親密的認識；那是我內心裡老愛唱反調的一部分，堅信什麼事都不會——或不可能——有好結果。我得一遍又一遍叮嚀自己不要理會它，因為我知道一旦聽了它的話會出現怎樣的情況：我的勇氣會消失、信心會破滅、大腦會執著地認定每件事情都難如登天，而那將是傾覆的開始。

我會從那不可思議、令人眼花撩亂的高度往下看，找到我們終將墜入的那塊地面，然後失速俯衝。光憑我的意念，我就有能力引發墜毀。

這是需要認清的另一件事：懷疑源於內心。你的恐懼心理幾乎總是試圖抓住方向盤，改變你的行進路線。它的全部作用就是預演災難，把你嚇得放棄機會，朝你的夢想丟石頭。它喜歡看你被疑心淹沒，因為這樣一來，你就比較可能待在家裡的沙發上，安穩而被動，不冒任何風險。這意味著，對抗恐懼幾乎總涉及對抗一部分的自己。我認為這是解碼恐懼的關鍵層面：你得學會明辨並馴服內心的某一部分；你得練習去超越恐懼。練習得越多，你就會做得越好。我的每一次跳躍，都讓下一次跳躍變得更加容易。

林—曼努爾．米蘭達（Lin-Manuel Miranda）在接受ＣＢＳ新聞專訪時，曾將他在表演前的焦慮描述為某種「巨大動力」。[7]他追憶生平第一次登上舞台，是一年級時在學校的才藝表演會上對嘴唱菲爾．柯林斯（Phil Collins）的歌，那時，他突然劇烈胃痛，當下明白他的恐懼在逼他做一個較大的抉擇。「我明白我可以淪於被動，或者掌握主動，」他說，「這就是我對緊張情緒的看法。它們是燃料的來源……你可以掌控它們，讓它們為你的船舶續航，或者不掌控它們，任它們炸毀你的船隻。」

這讓我想起林—曼努爾第一次來白宮表演的情形，他在二〇〇九年受邀參加我們的就職朗誦和詩歌交流會。他當時二十九歲，看得出來非常緊張。為了在這場活動中表演，他匆匆完成他一直在創作的一首歌。這首曲子終將成為轟動一時的音樂劇《漢密爾頓》的開場曲，但這齣戲當時還在醞釀階段，林—曼努爾還在實驗，還不完全確定他的素材能否成功。這會是他第一次在觀眾面前——在他看來特別嚇人的觀眾面前——以饒舌歌曲講述亞歷山大．漢密爾頓的故事，他完全不知道會引發怎樣的反響。他告訴自己，如果那天晚上這首歌沒發揮好，他可能不得不捨棄他的全部心血。

我想指出的是，那是他的恐懼心理在作祟。訊息寫得明明白白：**一次失敗，全盤皆輸**。恐懼心理喜歡在壓力高峰出現，用心昭然若揭：它想否決一切。它完全不會因為你轉身而臣服。

那天晚上，林—曼努爾走上舞台，開始向齊聚東廳的兩百名衣冠楚楚的觀眾介紹他自己和他那八字還沒一撇的音樂劇。他緊張得方寸大亂，目光開始四處游移，聲稱是在尋找出口標示牌，以防需要逃生。[8]他有一點結巴，而當他的歌聲似乎有點走音，他就更慌張了。

他後來在一次播客（podcast）訪談中回憶這段經歷。「我真的很緊張，」[9]他說，「而我所做的第一件事，就是跟美國總統四目交接，真是一大錯誤。我意識到：**不能看著他，太可怕了**。」他接下來顯然把目光轉向我，認定我也太可怕了。不過接著，他的眼睛找到了我的母親。她坐在巴拉克另一側的椅子上，而她臉上的表情彷彿在告訴他，一切都會好起來的——對此，我並不感到驚訝。

接下來的故事本身就是歷史的一小片段。在鋼琴家艾力克斯．拉克馬（Alex Lacamoire）伴奏下，林—曼努爾上演了激動人心的三分鐘饒舌表演，以他熱力四射的演出技巧以及對開國元動的全新觀點震撼了全場。表演結束時，他笑著揮揮手離開舞台，早已將他的恐懼轉化成令人永難忘懷的表演，讓我們所有人佩服得目瞪口呆。

我們見證的，是一個人制伏了緊張情緒，一步步攀登頂峰。

看著他做到這一點，令人嘆為觀止。我想，那一刻釋放出一個更大的訊息，說明當找到方法將恐懼轉化成巨大動力，我們可以成就些什麼。

無法迴避的事實是，每當我們接觸陌生事物，每當我們朝新疆界前進並因此覺得賭注驟然升高時，緊張情緒幾乎在所難免。試想：誰在開學第一天完全不緊張？誰在上班第一天或第一次約會時沒帶著一勺恐懼？誰在走進滿是陌生人的房間或在某項重大事件上公開表明立場時，不會突然一陣心慌？這些都是生命不時偷偷安插進來的時刻，它們特別令人不自在，但也能振奮人心。

為什麼？因為我們不知道在最初體驗的另一端有什麼在等著我們，而這趟旅途或許可能改變一生。

如果你不去那次約會，你怎會遇見你的靈魂伴侶？如果你不接受那份新工作，或不搬去那個新城市，你怎會出人頭地？如果恐懼阻止了你離家上大學，或阻止你踏進滿是陌生人的房間，或阻止你到陌生的國家旅行，或阻止你結交跟你膚色不同的人，你要怎麼學習和成長？可能性在未知裡閃閃發光。如果你不肯冒險，如果你不肯熬過幾次心慌，你就是在剝奪自己破繭而出的機會。

我承擔得起讓我的世界變得更寬廣一點嗎？我相信答案幾乎總是肯定的。

直到今天，我仍然因為巴拉克和我成功讓我們的飛行摩托車安全著陸而感到有點震驚——

我們成功進入白宮，走過了八年歲月。不知怎麼地，我們做到了。壞消息是，這並未將恐懼和懷疑從我的生命中抹除。好消息是，我不再那麼容易被自己的念頭嚇倒。

我開始相信，認識你的恐懼心理確實是值得的。為什麼？好吧，首先，它永遠不會離開你，趕都趕不跑。它基本上扎根在你的心靈深處，會伴隨你登上每一個舞台、走進每一次求職面試或展開每一段新的感情。它始終在那裡，而且不打算閉嘴。你的恐懼心理跟你小時候所知的自我保護衝動如出一轍——同一組本能驅使你在打雷時嚎啕大哭，使你被迫坐在商場聖誕老公公的腿上時大喊救命。只不過現在，和你一樣，這些本能長大了，變得更世故一些。而且鑑於你強迫它走過人生中種種不舒服的情況，它也對你很不滿。

就像我之前說的，它希望你爬下摩托車，乖乖坐在家裡的沙發上。

你的恐懼心理基本上是你無從選擇的人生伴侶。要知道，它也沒選擇你。因為你很差勁，你是失敗者，你不怎麼聰明，什麼事都做不好。所以說真的，誰會為了任何理由選擇你？

聽起來很熟悉？對我來說確實如此。

我如今已經跟我的恐懼心理共同生活五十八年了。我們相處得並不融洽。她讓我不舒服，她喜歡看見我軟弱，她有一大本塞到爆的檔案夾，記錄我犯下的每個過錯和失誤，而且持續上天下地搜尋我失敗的進一步證據。無論什麼時候、什麼狀況，她總是討厭我的長相。她不喜歡我寄給同事的那封電子郵件，也不喜歡我昨夜在晚宴上的那番高談闊論。她不敢相信我竟然說出這麼蠢的話。她每天都設法告訴我，我不知道自己在幹什麼。我每天都想辦法回嘴，或至少以更正面的念頭壓倒她。不過即便如此，她始終不肯走開。

她是我所知的一切之惡。而她也是我。

然而，隨著時間推移，我越來越能接受她的存在。確切地說，我對此並不滿意，但我承認她在我的腦中確實佔有一席之地。事實上，我已授予她正式的公民權，純粹因為這樣比較容易為她命名，好更容易搞懂她。相較於假裝她並不存在或者不斷試圖打敗她，我已跟我的恐懼心理彼此熟悉。光這樣就能讓她稍微鬆手，不再那麼鬼鬼祟祟。當心慌的感覺驀然而至，我不再那麼容易受到伏擊。對我而言，我的恐懼心理很嘈雜，但通常沒什麼實際效果——雷鳴多於閃電——這就使她無法為害作亂。

每當我聽見負面和自我批評的聲音在我腦中劈啪作響，每當我的懷疑開始累積，我會試著暫停片刻，坦白面對自己的想法。我經常練習後退一步，以熟悉的態度跟我的恐懼打招呼，不算太友好地對她聳聳肩，簡單寒暄幾句：

哦，你好，又是你。

謝謝你大駕光臨，謝謝你讓我保持警覺。

不過我看見你了。

我一點兒都不怕你。

▲一個簡單的擁抱，是我們對另一個人的存在表達歡喜之情最有力的工具之一。

第3章 從善意開始

我有個朋友名叫朗恩（Ron），他的一天，總是從對著鏡子裡的自己打招呼開始。他這麼做並無諷刺意味，而且通常聲音響亮。

我不是從朗恩口中知道這件事的，而是從他的太太瑪翠絲（Matrice）那裡得知。

瑪翠絲說，她總是被丈夫一大清早在浴室水槽前對著自己的鏡像真誠問候的聲音喚醒。

「早啊，兄弟！」他是這麼說的。

瑪翠絲惟妙惟肖地模仿他，正如妻子們經常做的那樣。從她模仿他的聲音，你可以聽出朗恩在新的一天開始時，對自己爆發出一陣新的感情。他充滿了溫暖，聽起來好像是在對心愛的同事或突然來訪的老朋友打招呼，好像他對出現在他身邊陪他度過一天的人感到驚喜。

瑪翠絲說，即便對她來說，從床上無意間聽到這些話也是最好的醒來方式。

她第一次提起朗恩的這個小習慣時，我忍不住笑了。這件事之所以有趣，一部分是因為我可以輕易想像那個畫面。朗恩是個真正的聰明人，事業有成，而且很容易讓人產生好感。他自信而不驕矜，渾身散發溫暖、魅力和自持。他是一座大城市的市長，擁有漂亮的子女和幸福的家庭。他的笑容燦爛，舉止得宜，氣度雍容得令人羨慕。

不過當我思索這件事，我發現朗恩的「早啊，兄弟！」不只是一種有趣的做法。我認為這種習慣有它重要的地方。它讓我們窺見一個人如何鎖定內在的平衡，選擇以善待自己展開新的一天。

當然，朗恩是個男人。所以我們或許可以假定，當他來到鏡子前，對於自己的外表，他比我們許多人所習慣的情況少了很多糾結。對大部分人來說——特別是男人以外的人——鏡子可能是個可怕的地方。我們許多人很難輕鬆走向它，尤其是一大清早。我們可能本能地以嚴苛的態度評價自己。我們經常吸收針對我們外表的負面評論，這些訊息讓我們覺得被物化、沒有價值或不被看見。在打扮和品味上，女性也一直受到更高標準的要求，因此在她們可以安心出門上班或甚至只是展開新的一天之前，她們需要進行更繁複、更昂貴、更費時的準備工作。

我個人有許多早晨打開浴室的燈，看了一眼，然後忙不迭地想趕緊把燈關掉。和自己面對面，我會忍不住開始細數我的缺點，只看到乾燥和浮腫的地方，只認出我可以也應該更好的部分。我評估自己，恨不得趕緊離自己遠一點。我的一天從分裂開始——一半的我是批評家，另一半是小丑。其中一個傷人，另一個受傷。那樣的感覺糟透了，很難擺脫。

那就是我想在這裡談談的——以善意展開一天的可能性。我猜想，我的好友朗恩和我們其他人一樣，在鏡子前也經常顯得疲憊而浮腫。他肯定也有許多需要被檢驗和挑剔的缺陷。但他首先看到的、他選擇**認出**的，是一個完整的人，是他真的很樂意見到的人。和我們許多人不同的是，朗恩明白自我厭惡不是開啟新的一天的好起點。

朗恩的「早啊，兄弟！」有一種安靜的力量。這句話很有效，不虛張聲勢，而且很私密（起碼在瑪翠絲對我洩漏這件事情之前）。最重要的是，這句話不帶任何判斷，不會引來任何形式的後續評論，例如「你看起來真糟糕」，或是「你為什麼不能做得更多？」。站在鏡子前，朗恩試圖扭轉批判和自我貶低的衝動。他拒絕把握機會自我批評，而是選擇以一個表達同情與認可的簡單訊息開始。

如果你想一想，這正是我們許多人拚命想從別人身上——父母、老師、上司、愛人等等——索取的東西，然後因為終究沒有得到它而傷心欲絕。對我來說，「早啊，兄弟！」這句話的妙處，一部分在於它並不是特別費勁。它算不上鼓舞士氣的精神喊話，不需要激情或口才，也不需要相信即將展開的一天會璀璨輝煌、充滿新的機會和正向成長。它只是一句親切問候——以溫暖的語氣傳達的四個字。出於這個原因，它或許是我們更多人可以嘗試去做的事情。

許多年前，在歐普拉讀書俱樂部的一次電視訪談中，已故的諾貝爾獎得主、作家童妮・摩里森（Toni Morrison）描述她在育兒方面學到的一項重大心得——更廣泛地說，是關於在孩子面前做一個成年人，或甚至是關於做人的心得。「當一個孩子走進來，不管是你自己的孩子或別人的孩子，」她那天問觀眾，「你的臉有沒有亮起來？那就是他們想要看到的。」[10]

摩里森自己的兩個兒子此時已長大成人，但她學到的心得一直留在她的腦海中。「我的孩子還小的時候，當他們走進來，我會看著他們，檢查他們的褲頭有沒有扣好、頭髮有沒有梳好，或者襪子有沒有拉好，」她說，「你以為你表達了愛與深情，因為你關心他們。不是的。當他們看到你，他們看到的是一張挑剔的面孔。**現在又怎麼了？**」

作為母親，她已明白挑剔的面孔比其他東西更有威力，不論背後有多少愛與深情。在並排比較中，挑剔的面孔所向無敵，導致就連四歲小孩都會納悶自己做錯了什麼。我們許多人一輩子都在留意周圍的挑剔面孔，感覺被批判轟炸，問自己到底哪裡做錯了，然後以有害的方式將答案融入心底，一輩子念念不忘。我們常常將批判的目光直接轉向自己身上，甚至還來不及看見自己**做對了什麼**，就用**做錯了什麼**來懲罰自己。

這就將話題引入摩里森的第二部分領悟：將天平朝另一個方向傾斜是可以的——有時甚至很重要。從孩子們身上，摩里森學會減少批評，轉而以更溫暖、更真實、更直接的方式來引導——一張發亮的臉孔，一份不受約束的喜悅，對出現在她面前的整個人，而不是對梳好的頭髮或拉好的襪子的一份認可。「因為當他們走進來，我很高興看見他們，」她說，「你瞧，事情就是這麼微小。」

她學會一開始就露骨地表達她的喜悅，不僅對自己的孩子，而是對所有孩子。和朗恩一樣，她認為有必要從善意開始。

這並不是說童妮．摩里森溺愛她的孩子或降低對他們的期許。這並不是說她養大的孩子不懂得照顧自己，或總是在尋求他人認可。事實上，我相信情況恰恰相反。摩里森為她的孩子所做的，正是我的父母為我所做的：她向他們傳遞自身即已圓滿的簡單訊息；她在驗證他們的光，驗證他們內心那一簇獨特的光芒——切切實實讓他們知道光就在那裡，屬於他們所有，是他們可以自己帶在身上的力量。

當然，值得一提的是，生活中通常很難得到關於喜悅和圓滿的訊息，而且它們很少被露骨地表達。在學校、在工作中，甚至在家庭和感情裡，我們經常被要求證明自己的價值，習慣相信我們必須通過一連串考驗才能贏得認可或提升自己。很少上司會在第一天就完全信任你，很少同事會在你每一次出現時高興地看著你。就連全世界最好的人生伴侶在倒垃圾或上樓換另一片尿布時，都可能沒有力氣為你呈現一張發亮的臉。

但問題是，當有人為我們臉色一亮，我們會牢牢記住，心情也跟著踏實。我依然能感受到我的三年級老師——席爾斯老師（Miss Seals）——帶給我的溫暖，她似乎真的很高興每天見到她的學生。當我們得到善意的開始，當另一個人以不受約束的喜悅迎接我們，或相信我們有能力成功，那會產生持久且令人振奮的效果。我們有多少人記得那位二話不說、首先以喜悅迎接我們的老師、家長、教練或朋友的面孔？研究顯示，當老師花時間站在門口逐一歡迎學生，課堂上的學習參與度會提高百分之二十以上，擾亂行為也同時減少。[11]這真的是世界上最簡單的概念：喜悅是養分，也是禮物。當有人很高興見到我們，我們的腳步會踏得更穩一點。我們會更容易鎖定內在的平衡，並帶著那份感受前進。

孩子時時刻刻向我們顯示人們對喜悅的需求是多麼本能。他們就像吸引柔情的磁鐵。在白宮，我們每年都會在「帶孩子上班日」招待好幾群小朋友。一兩百個孩子會來參觀廚房，見見我們的狗波波（Bo）和桑尼（Sunny），窺探配備了裝甲、被稱為「野獸」的總統座車。他們離開前，我會和他們在東廳坐下來，花一些時間回答他們想問的任何問題。孩子們會舉起手，等我點他們的名字。他們會提出「你最愛吃的東西是什麼？」、「你為什麼做那麼多運動？」、「這裡有游泳池嗎？」以及「總統人好嗎？」之類的問題。

在這樣的一次訪問活動中，一位名叫安娜亞（Anaya）的小女孩舉起了手。當我點到她，她站起來問我的年齡（當時的答案是五十一歲），然後說我看起來太年輕了，不可能那麼老，逗得我開心不已。我笑著揮手示意她走上前來，給了她一個大大的擁抱。

立刻有更多隻手高高舉起。隨著談話時間進入尾聲，剩下的許多問題似乎都消失了，由一個問題取而代之。

「可以給我一個擁抱嗎？」我點到的一個孩子問。

然後是另一個：「我可以抱抱嗎？」

接下來是此起彼落的叫嚷聲，孩子們異口同聲喊著，「我也要，我也要，我也要！」

那些孩子似乎天生就明白，一個擁抱會是當天最有意義的收穫——他們會記住那種感覺，比記住我或許說過的任何一句話、我或許必須給出的任何一項訊息更長久。他們希望得到那份感覺遠勝過其他；他們想要感覺我因為他們而湧出單純直白的喜悅。事實是，我希望得到同樣的回報。喜悅是互相的。身為第一夫人，我遇到的成年人多於孩子，但是在我感到筋疲力盡的時候，是孩子們滋養了我的靈魂、帶給我能量。和他們見面是我這個角色中最美好的部分。我非常清楚，這世上有許多小孩，沒有人曾經或願意為他們臉色一亮。我覺得為防萬一，我作為第一夫人有責任成為那道光，照亮我接觸的每個小孩。我照亮我遇到的每個孩子，就像照亮我自己的孩子一樣，深知我可以用我的喜悅告訴他們，他們很重要——他們多麼受到珍視。

接下來幾章，我們將更仔細探討如何找到並滋養以喜悅為基礎的人際關係——如何認出你身邊的平衡建造者，並為你周圍的人建造平衡。我們也將討論關於如何被人看見的更廣泛挑戰，不只是讓人開心地見到你而已；我們許多人受困於不被看見的感覺，或者必須克服刻板印象才能被充分看見。不過現在，我想給你一個小小的提醒，那就是真正的成長始於你有多麼高興見到你自己。

所以讓我們回頭說說朗恩，他在新的一天開始時跟自己打招呼——用溫暖的語氣傳達四個字的問候。他認為有必要在挑剔自己之前，先明明白白表達他的喜悅之情。靠著這麼做，他變得真正自信。

很容易忘記我們可以為自己做這件事。即使是對鏡中那個疲憊而不完美的影像，我們都有能力把認可和善意送貨到家。我們可以承認我們的光，承認我們**當下的**感受。許多書都寫過感恩的力量，這是有道理的：因為它有效。它不需要費太多力氣，真的。或許只需要一些練習；或許只需要更用心關注你想對自己吹毛求疵的本能反應、察覺這些念頭如何倏然而至，並決心以你自己的一套溫和的「早啊，兄弟！」來取代它們，不論你出現的是怎樣的念頭。

我最近一直在嘗試早上起床後，用心給自己一個善意的開始——自覺且刻意地把出現在腦海的第一個自我貶低或帶有負面色彩的念頭丟到一邊，然後邀請第二個念頭進來，一個更好、更溫柔、更有目的性、對自己更友善的念頭。我選擇把它作為我的起點。我的第二個念頭一般很簡單，通常只是對我再度抵達新的一天的起跑線，表達安靜而感恩的謝意。

請記住，這件事的門檻很低。從善意開始不見得需要大張旗鼓。你不需要針對你一天要做的事情發表任何宣言，不需要深入挖掘新的信心泉源，也不需要假裝自己所向無敵。這些都不需要大聲說出來，也絕對不需要在鏡子前完成。你只需要以某種方式嘗試把內心的批評者擋在門外，將你的喜悅推到前面，以一絲溫暖迎接你的凝視（甚至只是隱喻上的凝視），說出某種親切問候。你或許需要克服一點點自我意識，以及也許在隔壁房間咯咯笑的另一半。

無論如何，朗恩還保持著這個習慣。他早上起床，從內心找到某種強大而穩定的力量。他以這樣的訊息問候自己：**你來了，這真是個快樂的奇蹟，所以讓我們加油吧！**在我看來，這是件美好的事。

儘管如此，瑪翠絲和我還是被逗得樂不可支。我們覺得整件事有點可愛。

「早啊，兄弟！」我們開始對彼此這麼問候。只是為了好玩。

「早啊，兄弟！」下一次見到朗恩時，我隔著一整個房間對他這麼叫喊。因為他是個自信、從容、懂得善待自己的人，所以他一點兒也不尷尬。他只是對我笑了笑，然後以同樣的話回答我。

▲我的身高是一個不容忽視的差異——我站在後排中央，是布林莫爾（Bryn Mawr）小學全班最高的女生。

第4章 我被看見了嗎？

你是否曾覺得自己無關緊要？是否曾覺得自己活在一個看不見你的世界裡？

無論我走到哪裡總會有人告訴我，不管在學校、在職場或在更廣大的社區，他們都很難以真實的自我受到別人接納。他們描述他們的侷促不安，那是由於感覺自己不屬於所處空間而產生的自我意識，也是我熟知且伴隨了我大半輩子的東西。

這世上幾乎每個人都會在某個時間點體會這種感受——那種因為意識到自己不知為什麼與周遭格格不入、意識到自己被視為入侵者而產生的如坐針氈的感受。但對於我們這些被視為與別人不同的人——無論基於人種、族裔、體型、性別、酷兒身分、身心障礙、神經異常，或其他任何因素與任何組合——這些感覺並非只是來來去去、時有時無；它們可能尖銳而無情。和它們共存要費很多力氣。至少可以說，試圖了解它們的成因以及如何處理它們，就可能是一件令人生畏的任務。

我最早覺得自己與別人不同的幾樁記憶，大都與身為黑人無關。在我成長的社區，我的膚色基本上並不起眼。我跟來自各種背景的各種小孩一起上學，而這樣的混雜似乎為我們所有人創造了更大空間。

不過，我長得很高。而「高」成了一件討厭的事。高個子很醒目。「高」是我被貼上的第一個標籤，從此跟我緊緊相隨。那是我甩不開也遮不住的一項特質。我從幼稚園開學第一天就顯得很高，然後穩定生長，十六歲左右達到上限，長到我如今的身高——五呎十一吋。

上小學時，每當我們下課時間魚貫走出教室，或者進行消防演練，或為學校的表演做準備，我最害怕老師無可避免的口令：「好了，小朋友們，照身高排好隊！」排列順序不言而喻：**矮個子排前面，高個子排後面**。

儘管我知道老師們沒有這個意思，但這些口令為我原本已經感覺到的彆扭雪上加霜，彷彿我被公開發配到了邊疆。我不由自主地聽到你**格格不入**的訊息。它在我的內心造成了一個小傷口，埋進一個最微小的自我厭惡的種子，導致我日後無法接納自己的長處。作為高個子，我被趕到大多數隊伍的最後面，站在三年級合唱團的最後一排唱歌。我總是走在最後面。人們對我的身高的關注，為我帶來一種新的自我意識，讓我略略覺得自己是個異類。有幾次，在穿越教室的時候，我完全沉浸在自己的彆扭之中，腦海裡只有一個念頭：**我是那個朝隊伍最後面走去的高個子女生**。

我現在明白了，我實際上是同時在向自己傳達兩個想法，這兩種訊息結合起來特別有害：**我非常顯眼，而我無足輕重**。

我的身材沒帶給我什麼好處，不像哥哥似乎因為他的體型而佔盡優勢。他十三歲的時候已經足夠高大，可以在我們家對街公園的籃球場上跟成年男子分庭抗禮。他的力量和運動天賦備受喝采。那成為他可以使用的工具，幫助他結交朋友、贏得街坊鄰居的尊重。那也幫助他獲得大學錄取，不僅使他結交到可以幫助他順利過渡的其他運動員，更結交到日後成為他的導師、幫助他結交更多人的球隊後援者。克雷格的身高和力量最終將帶領他一路走向成功的教練生涯。

然而對我來說，身高和力量的組合比較不像資產，更像是負擔。小時候，我不知道要拿它們做什麼。我記得我觀賞一九七六年奧運會，深深迷上羅馬尼亞體操選手納迪婭．柯曼妮奇（Nadia Comăneci）。她完美地完成高低槓項目，整套動作毫無瑕疵，在奧運級別的體操比賽中贏得史上第一個「滿分十分」，震驚四方。不僅如此，她還繼續拿出六次令人嘆為觀止的表現，最終贏得高低槓、平衡木和個人全能的金牌。她的力量令我屏息，她的丰采令人著迷。看著她勇敢地追求卓越，我的內心一陣悸動。在柯曼妮奇之前，滿分十分不過是個值得追求的想法，是一種抓不住的奇蹟，但她現在證明了那是可以實現的——那是卓越的一個全新層次。我們見證的，是體育世界中相當於登陸月球的重大事件。

更棒的是，納迪婭只有十四歲。其實嚴格說來，她當時十四歲半，而我十二歲半。這樣的年齡差距令我大受鼓舞。對我來說，我壓根從未嘗試過體操運動的事實無關緊要，更重要的是，我有整整兩年的準備時間鍛鍊出納迪婭式的身形，到時候，我會將雙手沾滿石灰粉，勇闖國際賽事。納迪婭成為我長大成人的新標竿。我滿腦子想的都是：**好吧，那就是十四歲半該有的樣子**。

於是我決定瞄準同一個方向，心裡想著我也可以把自己送上月球。

在媽媽應允下，我報名參加梅菲爾學院（Mayfair Academy）每周一次的「雜技」課程，那是我平常上舞蹈課的地方。梅菲爾創立於一九五〇年代末，創辦人是一位成功的非裔美國踢踏舞者兼編舞家，來自南區。他希望讓自己社區的孩子有機會接觸到舞蹈與律動，就像他在北方較富裕的白人社區看到的那樣。在南區，那間小小的工作室是任何人所能找到最接近體操館的地方。不過它的設施並不是專門為這項運動設計的，那意味著沒有平衡木或地墊，沒有訓練員或海綿坑，也沒有跳馬設施或各種橫槓。只有一塊跑步墊，供我和其他十幾個準納迪婭在上面練習翻滾和劈腿。

一整個學年裡，我大部分時間都在認真練習倒立、側翻和轉體。我有時可以成功完成一次後軟翻，但大多數時候做不到。我的體重分布似乎從本質上讓這項動作變得很複雜。我會有五分鐘時間卡在笨拙的下腰姿勢，在我徒勞地試圖將我那蚱蜢般的細長雙腿往上踢、翻過拱起的身體、卻老是找不到合適的勁道和支點時，手臂肌肉抖個不停。最後，我會跌下來，整個人躺平在地上。

我開始覺得自己和其他雜技學生格格不入。更困難的是看著新來的孩子——大都是至少比我矮六吋的小骨架女孩——穿著新買的緊身衣抵達，迅速學會我無法掌握的技能。

事情變得有點尷尬，之後開始打擊我的士氣。

到頭來，我終於承認我的登月計畫已告失敗，在十三歲那年正式退出體操運動。

我不是納迪婭。我永遠不會是。

事實是，我生來就無法成為納迪婭。我的重心太高，四肢太長，沒辦法那樣子縮起身體翻滾旋轉。我的身材太高，無法在體操運動上取得成功。除此之外，追求進步所需的專門設備和教練指導，也可能使我們家破產。不管我有多強的動力，也不管納迪婭的一連串滿分十分如何激發了我內心的衝動、讓我渴望證明自己、相信我也有能力達到非凡的成就，這些都不重要。我選擇了一個良好的英雄典範，但這是一條不可能的道路。

但我究竟應該怎麼運用我的力氣？我是來自強壯家庭的強壯孩子，但「強壯」不是經常授予女孩子的標籤，反正不是正面的標籤。那不是一個值得珍惜或培育的東西。我有強壯的身體、強勢的個性和強大的動力。但在我們溫暖的家的圍牆之外，那份力量似乎沒有太大意義。那是我需要憋在肚子裡的某種祕密。

更大的問題是，我不認識其他選項。眼前沒有一票英雄可以讓我追尋，我很難為我的力量找到新的出路。我們家那一帶沒有女子足球或壘球聯盟（反正我沒聽說過），我也無法輕易接觸網球器材或課程。我也許可以加入籃球隊，但我從內心深處本能地排斥這件事（自我厭惡的種子又在作祟）。我不想自然而然地去做高個子女孩基本上應該做的那項運動。不知怎麼地，那感覺像是一種妥協。

別忘了，那是一個不同的年代，遠在大小威廉斯之前（Venus and Serena，譯註：美國網壇天后姊妹）。沒有瑪雅・摩爾（Maya Moore，譯註：美國職業女子籃球員），沒有WNBA，也沒有美國女子足球或曲棍球。你很少看到女人揮汗如雨、拚死拚活地競爭，或是在團隊中打球。一九六〇年代初，黑人田徑運動員威瑪・魯道夫（Wilma Rudolph）曾短暫吸引了全球關注；而下一位美國短跑巨星「花蝴蝶」弗洛倫斯・格里菲斯・喬伊娜（Florence Griffith Joyner）尚未登上歷史舞台。教育法修正案第九條（Title IX）——禁止教育中的性別歧視、最終重塑了大學體育活動並造就新一代女性運動員、具有里程碑意義的民權修正案——才上路四年，正在緩慢實行。儘管我幾乎可以每周七天打開電視，看見男人打美式足球、棒球、高爾夫球和籃球，但在電視上唯一可以看到女性從事體育競賽的，是偶爾的網球比賽。這就是為什麼每四年舉辦一次的奧運會如此令人癡迷。

不過，即便如此，對女性奧運選手的報導也特別偏重體操和花式滑冰這類運動項目，主角是穿著萊卡緊身衣參加個人競賽的嬌小白人女性。那些女人似乎從不流汗，她們的力量包裹在精心控制、幾乎稱得上女人味十足的優雅中。雖然我知道黑人女性運動員就在某個地方——她們參加沒有登上黃金時段的賽事，或來自電視網的鏡頭不感興趣的國家——但我不記得自己小時候曾在電視上看過黑人女性運動員，一次也沒有。

而且不僅僅是體育活動。我很少在電視、電影、雜誌或書本上看到像我這樣的人。在電視節目中，有主見的強勢女性一般只是被拿來消遣，個性既囉嗦又刻薄，用來作為男人的陪襯。黑人通常被描繪成罪犯或僕人，幾乎從未出演醫生、律師、藝術家、教授或科學家這類角色。或者，他們會出現在卡通化的極端情節中：《好時光》（*Good Time*）裡的埃文斯一家（The Evans family）在公共住宅區過著成天說笑的生活，《傑佛遜一家》（*The Jeffersons*）裡的喬治和薇茲（George and Weezy）則成功擺脫困境，搬進「半空中的豪華公寓」。父親每次看到我們看著那些情境喜劇家庭哈哈大笑，都會忍不住翻白眼。「他們為什麼總是一文不名又傻里傻氣？」他會搖搖頭說。

小時候，我一直在努力追求我看不到的某種生活。除了納迪婭之外，我的榜樣還有瑪麗．泰勒．摩爾（Mary Tyler Moore，譯註：美國電影演員）、史提夫．汪達（Steve Wonder，譯註：美國盲人靈魂歌手）和芝加哥小熊隊的外野手荷西．卡迪諾（José Cardenal）。我想，如果你把這些人融合起來，或許可以模糊地看見我想成為的那種人，但你得瞇起眼睛才有辦法想像。

我發現自己渴求英雄，渴望尋找任何一個和我有一點點相似、任何一個可以為我照亮前方的路並向我展示可能性的人：**好吧，這就是職業女性的樣子，這就是強大女性領袖的樣子，這就是黑人運動員運用自身力量的方式**。

在生活中，你很難夢想看不到的東西。當你舉目四望，在更廣闊的世界中找不到任何形式的自己，當你掃視地平線，看不到任何人和你一樣，你會開始感到一種更廣泛的孤獨，感到你與自己的希望、計畫和力量並不相配。你會開始懷疑究竟哪裡——或如何——才能找到自己的歸屬。

等到上了高中，我對那些很容易跟所有人打成一片的孩子感到一定程度的羨慕。雖然我在課堂上很開心，也交了一群好朋友，但我仍感受到了身高的標籤。我幾乎時時刻刻察覺它的存在。我打心底嫉妒那些嬌小的女孩，她們買衣服的時候似乎不必考慮自己的體型，男孩子邀請她們參加舞會時，也不會三思而後行。

我的許多空閒時間都用來尋找適合我的身形和尺寸的服裝。大多數時候，我只能湊合著接受不太理想的款式。當看到身材比較嬌小的朋友隨意從貨架上取出幾條卡文克萊（Calvin Klein）牛仔褲，絲毫不必擔心褲管會太短，我努力叫自己不要沮喪。我花時間為鞋跟的高度而苦惱，希望看起來很酷又不會太高。我經常在課堂上分心拉我的褲管，努力按照時尚的標準把腳踝藏起來。而襯衫和外套的袖子永遠不夠長，所以我總是把它們捲起來，但願沒人會注意到。我花很多力氣隱藏、調整和彌補我沒有的東西。

我會去參加學校運動比賽前的誓師大會，看著啦啦隊員翻轉、跳躍、揮舞綵球，認出我在體操選手身上看到的同樣力量與優雅形體，並同時略帶沮喪地意識到，有些女孩整個人的大小跟我一條腿的尺寸不相上下。與此同時，我察覺性別動態在起作用——我羨慕的那些女孩也同樣是屈居下風的弱者。即使身材嬌小，即使符合傳統上的美，她們同樣只能在狹窄的範圍內選擇。縱使那些啦啦隊員再強壯、再自律，她們大致上仍被視為花瓶——是漂亮活潑的場邊吉祥物，為更大場面、更吸引人、更具張力的男子足球和籃球比賽擔任配角。掌聲主要是送給男孩。

我一直在努力融入我置身的空間。我們所有人都在努力融入。我現在明白，那是青春期的一部分。我們許多人最早的失敗經驗都源於此。我以前常常告訴我的女兒，就連那些人緣很好、有自信的孩子，私底下也很害怕——他們只是比較善於隱藏自己試圖融入的努力。在那個年紀，幾乎每個人都戴著某種面具。

這樣的自我意識幾乎是處在發展中階段——一種需要忍受、學習、努力超越的階段。但對許多人來說，那種格格不入、被排擠在所謂正常以外的感覺，往往一直持續到成年。

我屬於這裡嗎？

別人怎麼想我？

怎麼看我？

我們發出這些問題，有時會扭曲自己以免得到傷人的答案。我們調整、隱藏、彌補，以便管理我們與所處空間的差異。我們在不同場合戴上不同面具——其實是勇敢的面孔——希望感到更安全或更接近歸屬感，但仍然從未感覺到充分活出自己。

我們可以輕易假設你的不同點是你最顯眼的地方，是人們首先看到並記得最久的部分。這有時完全正確，有時則否，難就難在你無從得知。不管怎樣，除了繼續前進，你別無選擇。但問題是，一旦你允許別人的評判走進你的內心，你就會被分散注意力。那就是自我意識的特色，從想想自己轉移到想像別人怎麼想你。那也可能變成一種自我破壞，因為如今突然之間，你也首先看到了你的不同點。你沒有專心解決黑板上的數學題，反而擔心你看起來怎樣。你在課堂上舉手發問，卻同時納悶在一屋子不同於你的人面前，你的聲音聽起來如何。你正要去和老闆開會，卻反覆猜測自己會給人留下什麼印象，並為裙子的長度以及你是否應該塗口紅而苦惱。

你開始背負標籤的重量，不論那是什麼標籤。你的不同點依附在你的身上，如同一面旗幟。

凡此種種造成了額外的負擔，額外的分心。它為某些人可能覺得很隨意、但如今對你來說很費勁的情況增添了另一層的必要思考。感覺幾乎就像世界在你面前悄悄地一分為二：有些人必須多想一點，有些人可以少想一點。

我有一些黑人朋友成長於富裕的白人郊區。其中許多人說，他們的父母特意選擇在公立學校資源充足、接近大自然、水質與空氣乾淨可靠的地方撫養他們長大。這往往意味著他們必須搬離家鄉和親戚朋友，調度每一分錢讓自己在新的郵政區域落戶。這有時意味著，為了負擔得起這些更好的學區和更好的地段，他們最終在城鎮最邊緣的通勤火車站旁租一間小公寓住了下來——不過儘管如此，也算是有了接近特定優勢的初步立足點。這也幾乎總是意味著，他們的小孩在成長過程中會成為「絕無僅有」，在班上、球隊、電影院排隊買爆米花的隊伍或超市走道上，幾乎找不到其他有色人種。這些父母為了給孩子更好的機會，將自己推上了某種種族前沿。

我有個朋友——姑且稱她安德莉雅（Andrea）——在紐約的一個市郊住宅區長大，是鎮上的「絕無僅有」。那個小鎮到處是鄉村俱樂部和高低起伏的山林坡地，家家戶戶的父親搭火車到城裡上班，母親則多半留在家裡照顧小孩。她自己的父母是事業有成的黑人白領，受過良好教育，雄心勃勃。他們住豪宅、開名車；若論及財富，他們家適應得很好。但這並沒有抵銷他們的黑色皮膚在同質的白人社區中引人側目的程度。安德莉雅很小的時候就注意到，她周圍的人會出現些微的遲疑，在那停頓的瞬間，某個陌生人會試圖消化一個黑人小女孩出現在高檔社區的畫面，試圖消化那小小的額外念頭：**她是怎麼來到這裡的？這是怎麼回事？**這並不是說安德莉雅最終沒有找到因為她本人而喜愛她的朋友，也不是在暗示她的成長過程因生活環境而不快樂；只是在說她從很小就開始和「與人不同」的標籤搏鬥，接收到她「不屬於這裡」的信號，在那些無聲無息、潛藏的暗示下，她莫名其妙成了自己家鄉的非法入侵者。

「你不屬於這裡」的訊息會造成創傷，這些傷口不會輕易癒合。我的朋友長大後也成為一位受過高等教育、生活優渥的專業人士。她將事業生涯的很大一部分投入促進企業環境的多元化與包容性，努力讓她工作的地方少一些「絕無僅有」。多年以來，她穿行在將她視為他者的人們之間，此刻，她已開發出似乎對她有效的一組工具和一套情緒盔甲。然而，舊的傷痕並未消失：每當她想起幼稚園老師會臉色一亮、深情地擁抱她的白人同學，但碰都不碰她一下，安德莉雅依然會情緒激動。每當憶起白人朋友拿到發回來的作業，上頭蓋了老師用來鼓勵人的星星和笑臉，而她同樣認真且精準地完成的作業，發回來時只打了一個不帶感情的勾勾，她依然會哭。那樣的表達微妙又直白，是上千個小傷口中的一個。

我的父母似乎對郊區以及那些地方可能提供的任何立足點都毫無興趣。他們選擇扎根在我們的城市社區，離叔伯阿姨、祖父母和表兄弟姊妹近一點，即便其他家庭——尤其是白人家庭——已開始搬離。這或許跟任何遠大的計畫沒什麼關係，反而跟媽媽抗拒改變的性格比較有關，不過，我確實認為我的父母喜歡我們所住的地方。我們認識我們的鄰居。我們跟種族、階級、文化各異的多元人口生活在一起，感覺很自在。那樣的混合是一種庇護。對我們而言，那樣再好不過。

然而，這意味著在我人生的前十七年裡，我從來不是一個「絕無僅有」。直到我上了大學，我才真正嘗到因為種族而不被看見的滋味。我的父親開車從芝加哥送我到普林斯頓，突然之間，我走在十九世紀石砌建築之間的小徑上，躲避襯衫沒塞好的預科生從古樸的中庭丟過來的飛盤，把自己的震驚往肚子裡吞。我很驚訝這樣的地方竟然真的存在，而我，歐幾里得大道的蜜雪兒．羅賓森，成功擠進了這道窄門。

這個地方很美，對我而言，這個地方也帶著一點張力。我從未置身以年輕白人男性為主的環境（這不是在以偏概全，而是在陳述事實：在我大學同年級學生裡，四分之三是白人，其中將近三分之二是男性）。[12]我很確定，我察覺他們的存在勝過他們察覺我的存在。作為年輕黑人女性，我是兩方面的少數族群。走在校園裡，感覺就像在穿越一個力場，在穿越某種邊疆。

我得費勁讓自己不去想我有多麼不同。

我很快發現，就算我表現突出，也得不到任何關注。我就像一陣風似地無足輕重。普林斯頓有一種遺世獨立的氣質。它優雅的哥德式拱門和兩百多年來引以為傲的菁英主義（又稱為「學術卓越」）營造出一種氣氛：不論我們來自何方，我們每個人都只是過客，學校本身將比我們所有人留存更久。然而，情況也逐漸變得清晰，我的一些同學在這些環境中比較自在，他們比較不會被富裕給嚇到，比較不在意是否需要證明自己。對一些人來說，上普林斯頓基本上是與生俱來的權利——事實證明，我們這一屆每八人就有一人[13]是靠家族餘蔭入學的傳承錄取生（legacy admission）——是世家門第的最新一代，他們的父親與祖父也曾穿越同樣的拱門，可以合理地假設他們的子女有朝一日也會做同樣的事情（當時，學校十二年前才開始收女生，所以母親和祖母校友還不是等式的一部分）。

我當時對此一無所知。我還不太明白「應得權利」（entitlement）的概念。我還沒有意識到，我的一些同輩所展露的篤定與自在，是由世世代代的財富以及深厚的特權網絡構成的地下泉水所滋養。我只知道我和別人不同，偶爾覺得受到輕視。我被學校錄取了，但這不見得代表我會有歸屬感。

走在一個地方，卻到處都看不到長得像你這樣的人，會令人不安。那幾乎讓人毛骨悚然，彷彿你的「同類」已經從這個星球上完全消失。你也許從小就知道你的祖父母、他們的食物、他們的文化、他們的說話方式，但現在突然之間，他們的歷史全都不見了。你自己的本體似乎也不復存在。教室和食堂牆上陳列的肖像中，沒有一張像你這樣的臉孔；你白天待的建築物全都以白人男性命名。你的老師和你不一樣。你的同儕和你不一樣。就連校園外的街道也幾乎看不到長得像你這樣的人。

坦白說，上大學之前，我從未想過美國有廣袤的地帶比較不像我的家鄉，而是和普林斯頓一樣，基本上欠缺差異性。對許多人來說，這純屬常態。我開始察覺陌生人看到我的時候會出現些微的遲疑，需要多一秒鐘來消化我的不同，來消化我出現在這個地方的事實。我逐漸明白，我的許多同學是在長相和行為都和他們相像的人包圍下長大的，他們的生活由同質性塑造，他們的自在也由同質性界定。有些人從未接觸過黑色或棕色人種的同儕。這使得我成了他們基本上無法辨識的人，簡直和外星人一樣格格不入。難怪他們會如此輕易地以刻板形象來看我！難怪人們似乎害怕我的頭髮和膚色！在他們的世界裡，我這樣的孩子沒有容身之處。在他們的家鄉，我這樣的人根本不存在。

隨著時間推移，我在大學的特定空間找到了避風港和聚落——也就是和我的朋友安琪拉（Angela）和蘇珊（Suzanne）共享的宿舍寢室，以及有色人種學生常常鬼混的校園多元文化中心。後者是我們可以擺脫自我意識、感覺更自在、不必擔心別人怎麼看我們的地方。我在那裡結交朋友，並找到一位很棒的成人導師——潔妮．布洛索（Czerny Brasuell）。她是多元文化中心的主任，後來成為我半工半讀的督察，投入心力幫助我成功。我之所以沒在大學裡滅頂，是因為我能夠創造一個由朋友、知音和導師組成的非正式議會，我可以跟這些人開任何玩笑，包括作為「絕無僅有者」的怪異感。關於身上的標籤，關於「黑人」如何幾乎每次都蓋過「大學生」身分，我認識的每位黑人學生都有故事要說。我有個朋友晚上走路回宿舍時，不只一次被校園警衛尾隨。另一個人說她的白人室友私底下友善又熱情，但在派對上卻假裝不認識她。

或許是因為我們別無選擇，我們會想辦法笑著面對這些事情。然而，在整件事的背後，我認為我們在做的是一件真正有用的事，也就是匯集我們的經驗，總結出一個有益且莫名其妙令人安心的真相：我們不是瘋子。這些事情不只存在我們的腦海之中。我們每個人各自經歷的隔絕與孤立——那些煽動我們的自我意識的東西——不是捏造出來的，也不是出於我們的某種內部缺陷或缺乏嘗試。我們不是單純想像著將我們推出邊緣的偏見。一切真實不虛。認識到這一點並予以肯定是很重要的，即便我們不知道如何改變它。

我的一群朋友讓我感覺沒那麼孤單，但是為了顧好大學學業，為了獲得我來這裡追求的好處，我仍然必須跨出舒適圈，踏進更寬廣的文化構成的力場。有時候，我發現自己在學校的食堂或演講廳行走，一心想要融入卻又敏銳地察覺自己的不同，思緒同時在兩條軌道上運行。我會專心尋找座位，但也幾乎同樣專心地想像著自己試圖尋找座位的畫面——想著我認為別人腦海中會閃過的念頭：**來了一個黑人女孩，她正在找座位**。

換句話說，**我非常顯眼，而我無足輕重**。

如果你放任它作祟，它可以把你的腦子攪得一塌糊塗。

我依然能想起那些時刻的不自在。我感覺飄浮在半空中，與自己分離，幾乎像是被拋出自己的軀體。

自我意識就有這種能耐。它可以奪走你的立足之地，抹去你所知的真實自我。它可以讓你變得笨拙而茫然，搞不清楚我是誰、我在哪裡。那就像世界以不討喜的角度舉起了鏡子，讓別人看見你的模糊難辨，看見你不屬於這裡的種種原因。有時候，那個影像成了你所能見到的一切。社會學家兼民權領袖W．E．B．杜波依斯（W.E.B. Du Bois）在他一九〇三年的劃時代著作《黑人的靈魂》（*The Souls of Black Folk*）中，出色地描述了這項張力。「雙重意識（double-consciousness）是一種奇特的感覺，」[14]他寫道，「透過他人的眼睛來觀看自己，在這個帶著可笑的輕蔑與憐憫目光的世界，以世界的尺度來丈量自己的靈魂。」

那種感覺就是那麼古老，甚至古老得多。而且也非常常見。即便現在，依然如此。問題成了如何去處理它。

父親搖搖晃晃的姿態和拖著腳步的跛行，有時會導致街上行人停下來盯著他看。他常常聳聳肩笑著告訴我們，「如果你自我感覺良好，沒有人能讓你覺得糟糕。」

這是一句極其簡單的格言，對他似乎很管用。幾乎任何事情，我的父親都可以一笑置之。他不會受人挑釁，也不會挑釁別人。相反的，他謙遜而冷靜，我想，這就是人們經常上門向他徵求意見和建議的原因，心知他會以開放的心態對待他們。他總是在襯衫胸前口袋放置三張摺好的一美元鈔票，然後把其中兩張遞給任何一個跟他要錢的人，而這顯然經常發生。照母親的說法，父親會為了對方尊嚴故意留下第三張鈔票，好讓跟他要錢的人可以心安理得地離開，知道他們沒有奪走他的一切。

我的父親不在意別人怎麼看他。他很滿意自己，也明白自己的價值，就算肢體不平衡仍能維持生命的重心。我不知道他是如何到達這個境地，也不知道他這一路走來受過哪些教訓，但他不知怎麼地學會了如何卸下負荷，不被他人的評判影響生活。他的這項特質如此鮮明，我發誓你從房間的另一端就會注意到它。人們因此受他吸引。它呈現出來的是一種自在——不是來自特權或財富的自在，而是源於某種不同的東西。那是困境中的自在，是身處不確定性中的自在，是由內而發的自在。

那使得他引人注目，以各種正確的方式被看見。

我的父親沒有讓這世界的不公不義像激怒他的父親那樣激怒他。我相信這是一個深思熟慮的選擇，再度證明他可以**在種種不利條件下**做到什麼。他自己也遭遇過許多不公：他出生在大蕭條時期；他的父親因為讀不起大學跑去參加二戰而下落不明時，他才五歲；他經歷過種族隔離的住房與教育政策、見證他的幾位英雄被刺身亡，並且遭到一種無法醫治的殘疾襲擊。不過，他也從他的父親——我的祖父老爹——身上，看到恐懼如何令人畫地自限，看到心懷憤懣所需付出的代價。

於是我的父親選擇另一條路。他不許這一切染指他的靈魂。他決心不執著於痛苦或尷尬，心知那些感受對他沒什麼好處，明白灑脫與豁達有一定的力量。他知道不公不義始終都在，但他拒絕被擊垮，因為他明白，很多事情都不在他的控制之下。

相反的，他教克雷格和我對這個世界的運行方式保持好奇，並坐在餐桌旁回答我們提出的關於吉姆．克勞法或金恩博士（Martin Luther King Jr.）遭刺殺之後芝加哥西區發生的暴動之類的問題，在平等與正義的議題上教育我們。在選舉日，他一定會帶我們到設在我們小學對面教堂地下室的投票所，好讓我們看看投票有多酷。每逢星期日，他還會開著他的別克汽車載哥哥和我遊覽南區較富裕的非裔美國人居住的社區，希望我們認清大學教育所能帶來的改變，作為我們堅持上學、保持思想開放的理由。這有如他載著我們到山腳下，然後指著山頂。他是在告訴我們，**即便我做不到，你們一樣可以登頂**。

憑藉平穩的重心，父親可以看穿這個世界可能向他舉起的任何一面鏡子，看穿原本會讓一個拄著拐杖走路的藍領黑人覺得自己毫無價值或不被看見的種種原因。他沒有糾結於他不是誰，或者他沒有什麼。相反的，他以他真實的自我以及他擁有的東西——愛、族群、冰箱裡的食物、兩個又高又吵的孩子，以及前來串門的朋友——來衡量他的價值。他把這些事情視為成功，視為他持續前進的理由。那是他絕非無足輕重的證據。

你看待自己的眼光於是變得至關緊要。那是你的基礎，是你改變周遭世界的起點。我從他身上學到了這個心得。我父親的可見度幫助我學會被人看見。

如果你自我感覺良好，沒有人能讓你覺得糟糕。我花了幾年時間才更充分地將父親的格言融入自己的生活。斷斷續續地，我慢慢變得自信起來。我一點一滴學會驕傲地背負我的不同。某種程度上，事情從「接受」開始。小學的某個時候，我習慣了成為班上最高的女孩。因為，說真的，我還有什麼選擇？後來上了大學，我得適應成為班上和校園活動裡的「絕無僅有」。同樣的——沒有真正的選項。久而久之，我漸漸習慣置身男性在人數上以及往往在聲量上都壓過女性的空間。這只不過是當時現存的環境。我開始意識到，如果我想改變那些空間的動態——為我自己和後繼者創造更多空間來容納差異性，並擴大誰屬於這裡的定義——我首先必須找到自己的立足點，找到我自己堅定的驕傲。我學會不隱藏自己，而是接受它。

我不能早早就舉手投降，或者開始逃避那些逃避起來會比較簡單的情況。我得學會不怕害怕。除非我打算放棄，否則我必須繼續前進。在這一點上，父親的生活也提供了一個具體榜樣：帶上你所擁有的，然後往前邁進。你找到你的工具，視需要進行調整，接著繼續前進。儘管明白許多條件不利於你，你依然堅持下去。

我的性情在某些方面不同於我的父親。我沒那麼逆來順受。我喜歡用更大的氣勢表達我的意見。我沒辦法像他那樣對不公平的事情一笑置之，也不盡然把那當成自己的目標。但我從他身上學到的是，真正的穩定來自內心。而我發現，穩定是展開更開闊生活的平台。

一部分是因為看到父親以自在的態度面對他的不同，看到他幾乎總是帶著尊嚴走進每一個空間，我開始明白是什麼幫助我擺脫恐懼，讓我能更好地對我所處的局勢宣示主權。我意識到，有些東西是我**可以**選擇、**可以**控制的；這就是我在感到不安的時刻告訴自己的話——每當我踏入新的力場，每當我穿過一屋子陌生人、如坐針氈地覺得自己格格不入或受到評判時，我就會讓這個訊息進入我的腦海。

不論那些空間傳遞出什麼信號——人們是否覺得我和他們不同、我不配在那裡，或者我有某種毛病，即便我感應到的信號是人們無意識也無心發出來的——我不需要讓那些信號進入我的心裡。我可以做出選擇。我可以讓我自己的生活和行動代表最真實的自我。我可以繼續出現、繼續工作。我拒絕吞下毒藥。

我學習到，我可以為我的不同點附上更好的情緒。那有如精神上的抬頭挺胸，幫助我走進新的空間。我可以花點時間想想我在家的圍牆裡、在朋友的庇護下早已知道的真正的我。我的認可是由內而發的，而那有助於將力量帶進新的空間。

為了我自己好，我可以在腦海即時改寫那個關於無足輕重的故事：

我很高；那很棒。
我是女人；那很棒。
我是黑人；那很棒。
我是我自己；那特別棒。

當你開始改寫關於無足輕重的故事，你就找到了新的重心。你把自己從別人的鏡子裡移除，開始更充分地從你自己的經歷、你知道的地方發聲。你更懂得如何守住自己的驕傲，如何跨過種種不利條件。它不會消除障礙，但我發現它有助於縮小障礙。它幫助你累計你的勝利（就連微小的勝利也不放過），並且知道你做得很好。

我相信，這就是真正自信的根源，從這裡，你可以讓更多人看見、產生更多行動力、更有能力創造更大的改變。那不是你光靠一次、兩次、甚至十幾次嘗試就能克服的東西。讓自己走出別人的鏡子需要多費力氣，把正確訊息留在腦海裡也需要多多練習。

承認這項任務為什麼如此困難，也會有所幫助。我們的任務是在一層又一層早已寫好的劇本之上書寫我們自己的故事；我們必須努力將真正的自我置於長期以來暗示我們不適合、不屬於或根本不被記住的敘述之上。這些故事被傳統推上神壇，在日常生活中得到鞏固，並在很多情況下成了我們這個時代的真實背景。它們不知不覺塑造了我們對自我和他人的概念。它們意圖告訴我們誰比較差、誰比較好，誰是強者、誰是弱者。它們任命了英雄、建立了規範：**這就是重要人物的樣子；這就是成功的樣子；這就是醫生的樣子、科學家的樣子、母親的樣子、參議員的樣子、罪犯的樣子、勝利的樣子。**

不論你是在州議會大廈屋頂飄揚著邦聯旗幟的地方長大、在矗立著奴隸主銅像的公園裡玩耍，或者透過幾乎清一色以白人構成的正典學習歷史，這些故事都存在你的心裡。美隆基金會（Mellon Foundation）最近贊助一項針對全美各地紀念碑所做的研究，[15]發現絕大多數是白人男性的紀念碑，其中半數是奴役者，四成的人銜著金湯匙出生。黑人和原住民僅佔百分之十，女性則僅佔百分之六。美人魚的雕像比女性國會議員的雕像還多，比例是十一比一。

讓我再說一遍：你很難夢想看不到的東西；你無法輕易朝著你看不到的目標努力。改寫無足輕重的故事需要勇氣與毅力。這麼說雖然令人沮喪，但這世上有些人會因為其他人覺得孤立、破碎或不受歡迎而感到爽快或強大。他們樂意讓你保持微小。可見度是我們當前許多最具爭議的公民議題的核心。當州議會爭論是否禁止公立學校老師討論結構性種族歧視，當教育委員會投票決定是否將關於大屠殺、種族主義或同志族群的書籍從學校圖書館剔除，我們需要警覺地意識到誰的故事被述說、誰的故事被磨滅。這是一場關於誰很重要、誰可以被看見的戰爭。

我們是一個被古老故事宰制的年輕國家。這些故事有許多被吹捧、被複誦、被無條件接受，以至於我們幾乎不再把它們當成故事。相反的，我們把它們內化為真理，忘了費心去解碼它們。

好比說，我哥哥克雷格十二歲的時候，他原本的腳踏車不夠他騎了。他長得很快，以至於就算將座椅拉到最高，他的腳踏車——他的兒童單車——已不再適合他的身長。所以我的父母出門幫他買了一輛成人自行車，那是一輛亮黃色的十段變速腳踏車，是他們在哥布萊特百貨公司打折時買到的。新腳踏車讓克雷格雀躍不已。他有如國王一般騎著它四處悠遊，為能踩上那些踏板而自豪，為擁有一輛如此合身的單車而興奮。直到有一天，他騎著這輛十段變速車到我們家附近的湖濱公園，立刻被一位警察攔下來，後者指控他偷車。

為什麼？因為他是一個騎著高級自行車的黑人男孩。那顯然跟該警察對黑人男孩以及他們應該騎哪種自行車的想法不符——儘管那名警察本身也是黑人。他已經把特定故事當成真理，在心中內化了某種刻板印象，這種刻板印象迫使他不僅讓一名男孩跟他的腳踏車分離，也跟他的自尊心分離（那人後來道歉了，不過是在被我母親痛罵一頓之後才道歉的）。

那名警官傳達給我哥哥的訊息既明確又平常：

我不覺得你有資格得到你所擁有的東西。

我不認為你跟這個令你驕傲的東西相配。

這正是我們許多人在穿過陌生的房間，在體驗新的力場的動態時，從別人眼中感受到的那種懷疑。我們接收到我們被視為入侵者的訊息，我們的驕傲需要額外的證據。這是有待我們改寫的故事，不僅為我們自己，也為這個不接受我們的世界。

投票權倡議家兼政治家史黛西・艾布拉姆斯（Stacey Abrams）說過一個故事。[16]她在一九九一年被選為高中畢業生致詞代表後，受邀跟家鄉喬治亞州各地的畢業生致詞代表一起，前往位於亞特蘭大的州長官邸參加下午茶招待會，慶祝他們在學業上的優異表現。這次機會令人激動，她和父母穿上他們最好的衣服，從離他們家不遠的迪卡特（Decatur）搭公車到官邸所在的高檔社區，綠樹成蔭的巴克黑德（Buckhead）。艾布拉姆斯說，他們下了公車，走進官邸車道，半路被警衛攔下，後者看了他們一眼說：「這是私人活動，你們不屬於這裡。」一個買不起車子、只能搭公車前來的黑人家庭，跟警衛對於誰有資格受邀跟州長來往的想法不符。

其中的訊息很熟悉：**我不覺得你有資格得到你所擁有的東西。你非常顯眼，而你無足輕重。**

幸好史黛西・艾布拉姆斯的父母絲毫不接受那樣無禮的胡言亂語。她回憶道，她的母親抓住她的胳膊，阻止她轉身跑回公車上。她的父親開始跟警衛理論。在迫使該男子拿出他的夾紙板，從按照字母順序排列的賓客名單最上端找到史黛西的名字後，這家人最終進了招待會，但傷害已然造成，一滴毒藥漏出來了；一個年輕女孩已經跟她的自尊心分離，這讓整起經驗染上了污點。

「我不記得見到喬治亞州州長或其他畢業生代表，」[17]多年後，艾布拉姆斯告訴《紐約時報》，「關於那天，我只記得看門的人對我說，我不屬於那裡。」

這些訊息具有磨滅的力量，尤其是當傳遞給還在建立自我意識的年輕人時，尤其是在我們不設防且自豪的時刻來自權威人士時。這些訊息的傳遞者幾乎令人永難忘懷。他們像幽靈似地糾纏著我們。我們有多少人還在跟幾十年前貶低或輕視我們的人單向對話？我們有多少人還在默默地跟那些試圖將我們從我們想去的地方抹除的人回嘴？我們一遍又一遍地回到那些大門，一遍又一遍地對自己講述那些故事，努力跟我們的自尊心重新結合。在《成為這樣的我》中，我寫道我高中時的大學升學顧問如何在見面十分鐘內就漫不經心地對我的志向嗤之以鼻，表示我不該浪費力氣申請普林斯頓，因為在她看來，我不是「上普林斯頓的料」。

我很受傷、很憤怒，不僅被她的話摧毀，還被她的冷漠和傳達這些話的速度摧毀。她看看我，評估我，完全沒看見我的光。反正那就是我的感覺。從那一刻起，我的人生道路起碼有一部分被那句話所塑造——一句隨口而出的話，來自一個素昧平生的陌生人。

這就是訊息可能擁有的強大力量，也是我們為什麼需要謹慎地傳遞與接收它們的原因。小孩子自然而然希望別人認出他們的光。他們渴望被看見；他們因為被看見而成長。如果讓他們覺得自己毫不起眼，他們往往會尋求其他比較不具建設性的方式被看見。他們會從他們被扔進的黑暗中行動。每當讀到年輕人捲入犯罪或暴行的故事時，我都會想到這一點。如果孩子們沒有機會感到自豪，他們就沒有任何理由尊重他們所處的空間，或將他們推到邊緣的權威人士。你比較容易破壞不屬於你的東西。

多虧了生命中其他支持我的成年人，我能夠迅速將升學顧問的話對我造成的傷害轉化成燃料。我有三倍的動力去證明她是錯的。我的人生成了一種回應：**你的極限不是我的極限**。直至今天，我仍然不對她抱持任何感激之情，不過，因為她的冷漠，我能夠發現自己的某些特質，找到某種決心。我開始嘗試創造出比她允許我擁有的東西（假如我給她權力決定我屬於或不屬於哪裡的話）更大、更有意義的存在。她的低期望成了我必須逆勢克服的一部分。

在州長官邸門口攔住史黛西．艾布拉姆斯的警衛很可能下班後回家，跟家人共進晚餐，再也沒有想起她。但她當然從未忘記他。在她上大學、獲取兩個高等學位、撰寫十幾本書、推動史上最成功的選民動員活動之際，他和他那「不屬於這裡」的訊息一路伴隨她前行。在她兩度競選喬治亞州州長，希望將那些大門開得更大的時候，那份訊息肯定也伴隨著她。他是她必須逆勢克服的一部分。

史黛西．艾布拉姆斯還是會談起她跟警衛的這段經歷，主要是從她得到的領悟、她深刻的決心來看這件事情。「無論是否有意為之，我一生都在證明他是錯的，」[18] 她曾說，「但重點不在於他，不在於他從我身上看到或沒看到什麼。重點在於我是誰，以及我想成為誰。」

我可以想像，對她來說，那名警衛依舊守在大門口，就像我的升學顧問會永遠坐在我腦中的辦公桌前。他們靜靜活在我們心靈的一個角落，連同我們必須逆勢克服的其他種種不利條件——這些不利條件被我們的傑出表現以及我們提供的答案縮小了。他們只會因為他們未能完成的事情而被記住，只會因為他們導致我們必須跨越的障礙而被記住。

在我們關於誰有歸屬權的更大、更有趣的故事中，他們已成了小角色。事實證明，他們唯一的力量，就是讓我們記住自己為什麼堅持到底。

第2部

我們是彼此的
收穫：
我們相互
關懷：
我們是彼此的
大我和連結。[19]

——格溫多林．布魯克斯（Gwendolyn Brooks），
出自詩作〈保羅．羅伯遜〉（Paul Robeson）

▲我的女性友人與我相互扶持，帶給彼此力量、慰藉和歡樂。

第5章　我的廚桌

我不是對友情輕忽以待的人。在交友方面，我的態度嚴肅認真，對於維繫友誼甚至更加鄭重其事。友人有時會笑說，縱使在守護情誼上，我都有點像個教練。她們深情地提出觀察心得，偶爾話中隱含著疲憊之意。我能夠領會這種暗示。對於她們的友愛和疲憊，我都接受。在維持與我心繫之人的關係上，我確實求好心切。我熱中於規畫結伴出遊、周末度假、網球活動，以及肩並肩沿著波多馬克河（Potomac River）散步。我喜愛始終心中有所期待、始終盼望會見某位親愛友人。對我來說，友誼既是一種承諾，也是一條救生索，我抱持著這樣的認知，慎重地緊緊將它抓牢。

我曾經寫過，在白宮的歲月裡，我習於每年數次致電給約十二位女性好友，邀請她們到大衛營（Camp David）參與最初稱為「水療周末」或「健康之旅」的活動——她們很快就發現我安排的是三天的健身運動，而且不供應肉類、垃圾食物、含酒精飲料，於是她們把活動重新命名為「體能訓練營」。友人們也及時堅持，如果我想要她們參與自我鍛鍊，至少要準備一些牛排、若干甜點，而且必定要供應一些酒。我們都是餘暇時間不多的專業女性，這意味著，當我們放鬆時，想要一次完成所有事情。我們多數有在學的小孩、忙碌的伴侶、要求很高的職業。

我們習慣在為依賴我們的眾人奔波之餘，擠出睡眠、運動、享樂和親密的時光，而無疑地，結果總是好壞參半。當大腦塞滿了無意義的、令人心神不寧的問題——不論它是深夜突如其來或是客訪時半途殺出——有誰能夠放鬆心情？**我錯過夏令營報名的最後期限了嗎？花生醬是不是吃完了？最近一次餵沙鼠是在什麼時候？**

對於大衛營三天的周末活動，我當作跟好友一起呼吸新鮮空氣、重新設定優先要務的絕佳時機，即使是短暫的。我們不去想孩子、伴侶和種種工作。拋開還沒做完的繁雜家事，以及迫近的各項最後期限。忘掉那些可惡的沙鼠。這時我們最大，其他事情都是其次。對我而言，消除壓力和專注於當下最快速或最有效的方法，莫過於投入激烈的、挑戰極限的健身運動。甚至於最好是一系列的鍛鍊活動。我猜你可能會說，活力是我的一種愛的語言。我喜好朋友們感受到一些壓力時的模樣。我喜愛那些對流一點汗感到開心的友伴。她們可以領會到發現自己內在蓄積的決心和力量之樂。鍛鍊之後，朋友們疲憊的身體會重重地躺進壁爐前的一組沙發，然後促膝長談直到深夜。

或者，這在我同意讓她們喝酒、吃甜點後才會發生。關於友誼有另一件事你得謹記在心：倘若你認為自己能夠制定所有規則，那可是荒唐的想法。至關緊要的是我們在親密、彼此承諾、相互妥協，甚至於感到疲累的狀態下，持之以恆地赴約。對我來說，最重要的莫過於堅持不懈地赴約。

我全然相信，當身邊至少有十二位摯友，當你很可靠、情感流露地投入，而她們也同樣地回應你，你的人生將會更上層樓。在普林斯頓大學求學的歲月，我明確地領會這個道理，我了解到擁有一群益友的重要性。友人們提供的情感慰藉、妙趣橫生的幽默，以及共同的能量，使求學時期的我得以在日常奮鬥中勇往直前。

後來，我結縭的伴侶常因工作必須離家接連數天，這時給予我支持的也是好朋友，尤其是彼此的小孩喜愛一起玩耍的閨密。我們成為患難與共的夥伴，時時共乘去上舞蹈課和游泳課，當有人非得加班時幫忙照料孩子的飲食，任何時候有人必須排解壓力，抑或有人受到傷害，或試著做出重大的人生抉擇時，懷著體恤之心去傾聽。不論自己有多忙碌或生活多麼慌亂，我都隨時準備好放下自身的憂慮，去幫助知己們排難解憂。我們相互照應，使得彼此的人生道路更平順一些。我們之間互遞的訊息始終是**我了解**。**我會陪在妳身邊**。

我發現，擁有親密友伴也有助於我紓解婚姻壓力。巴拉克和我從未試圖成為彼此人生的「一切」——即獨力承擔對方需要的所有關懷。我不期望他聆聽我的每個故事或想法，或是跟我一起理清所有糟心事，或是獨自負責我每一天的娛樂和幸福感。我也不想為他做這一切事情。我們把各項負擔分配好。我們還有別的方式可以抒發或慰藉情感。有各種各樣的好朋友支持著我們——有些是他的，有些是我的，有些是我們共同的，而且我們也竭盡所能撐持我們的朋友。

大約在二〇〇九年初抵達華府時，我尤其感到壓力沉重，不斷地深入探求內在儲備的力量。在這個時期，我感到自己對友誼需求格外殷切。那時巴拉克剛當選總統，而且我們於九周內把芝加哥的家當打包好，為莎夏和瑪莉亞辦好轉學，舉家搬到我幾乎沒有熟人的華府。就職典禮前的最初幾周，我們住在一家飯店，兩個女兒開始適應新學校的環境，巴拉克忙著籌組候任政府，工作時間比往常增加了三倍。我每天要為來日做出數十個決定——從選擇在白宮使用的床罩和餐具到雇用東廂第一夫人辦公室人員——而我依然難以想像未來的光景。我們還要準備在就職典禮時接待約一百五十位賓客，包括朋友、家人和許多小孩全都需要行程規畫、各種活動的入場券，以及下榻之所。

我對這段時期的事情記得最清楚的是，一切都煥然一新，感覺昔日絕大部分的生活方式正迅速地改頭換面。我們來到一個新城市，這裡有許多新面孔、新工作，還有全新的生活。這時期的日子變成平凡的與非凡的、實用的和有歷史性的事物的超現實混搭。莎夏需要一個鉛筆盒，我需要一襲舞會禮服。我們需要一組牙刷架，以及一套經濟救援包裹法案。我也很快地體會到，我們確實需要朋友。

我十分欣喜有如此多友人前來華府幫我們慶賀、見證美國的政權轉移。我也對自己經歷的生活方式轉變感到焦慮。對此，我需要自己的見證人。我的朋友們陶醉於總統就職日的榮耀、體會其凸顯的公平與進步和我夫婿的戮力以赴。典禮之後，她們找到我，並且緊緊地擁抱我。她們確知我將會多麼想念我們的舊日時光。好友伊莉莎白（Elizabeth）從紐哈芬市（New Haven）抵達華府。我法學院時期的密友薇娜（Verna）自辛辛那提市到來。曾陪伴我度過懷孕期和母職初期的禍福與共死黨凱莉（Kelly），在一年前遷居華府，也與一大群來自芝加哥的朋友們一同出席。她們事前都馬不停蹄地採買全套服裝並為各項計畫預作準備。我為她們每個人安排了鄰近就職典禮舞台的座位。我知道自己將會感到緊張，而且想要感受她們的在場與支持，即使在茫茫人海裡，我不能確切地找到她們所在的位置。重要的是她們都在現場，幾乎就像是棲息於樹上的鳥兒那樣。

我帶著輕微卻也揮之不去的憂慮搬進白宮，使我煩惱的是，我的友誼可能永遠不再能維持原貌，此時我們被不可思議的盛況和排場所環繞，我們被看待的方式也突然轉變，這使得我們家所有重要的關係都變得脆弱易變。我擔心莎夏和瑪莉亞在每堂課、每次足球練習和每場生日派對都有特勤局人員隨行的情況下，如何跟其他孩子建立關係。我不全然清楚巴拉克在處理所有毀滅性的緊急危機時，如何找出時間來融入社交生活。在所有新奇的喧鬧和安全措施之中，我也疑惑自己如何能與摯友維持親密關係，並同時為結識一些新朋友騰出空間。

我成年後至今多數的朋友關係是長年累月建立起來的，不是有意為之，而是運氣、地理巧合，以及趣味相投等不同因素的隨意組合。我和珊蒂（Sandy）某天在芝加哥市中心一處髮廊閒聊而相識，當時我們都留意到對方懷孕了。我與凱莉是在職場結識，但直到我們同時有了小孩之後，兩人才開始頻繁地結伴外出。我的婦產科醫生好友安妮塔（Anita），**接生**了我的兩個女兒，在我們的先生開始一起打籃球後，我們也日漸親近。重點是，新朋友宛如雛菊般意外地出現在我的人生中，而且我努力培植彼此的友情。不論是在職場、假日派對、美髮沙龍，或是在小孩的活動上，假如遇見了某個似乎滿有趣的人，我往往會要到對方的電話號碼或電子郵件郵址，以便日後邀約對方共享午餐，或是在小孩遊樂場碰面。

現今我和年輕人交談時，經常聽到他們對時下的新朋友關係——從說出**幸會**到提議**嘿，一起出去玩**的轉折——表達畏懼或疑慮。他們認為尋找潛在的朋友、邀人一起喝咖啡或是在下班或放學後聚會，或是與網友會面談話，既怪異又讓人感到尷尬。他們擔心自己會顯得過於熱切，覺得這會使他們看來不知死活或是沒見過世面。他們怯於承擔這種風險，憂懼會遭到拒絕。他們的懼怕毫無意外地成為他們的侷限。而且統計數據顯示，這樣的現象不容忽視。根據二〇二一年一項調查，[20]美國成年人有三分之一表示他們的親近朋友少於三人。甚至有一二%的受調者指出，他們連一個親密的友人也沒有。

維偉克・莫西博士（Dr. Vivek Murthy）二〇一四年獲巴拉克任命為美國醫務總監（surgeon general of the United States），他做的第一件事是巡迴全國，探詢國民的健康和福祉。最令他驚訝的是，許多民眾描述自己深感孤寂。莫西在二〇二〇年新冠肺炎全球大流行期間發表的著作《當我們一起：疏離的時代，愛與連結是弭平傷痕、終結孤獨的最強大復原力量》（*Together: The Healing Power of Human Connection in a Sometimes Lonely World*）寫道，「男人、女人、小孩、訓練有素的專業人士、商人、最低工資收入者，不論教育程度、健康狀況或有多大的成就，似乎沒有一個群體能夠免於感到孤單。」[21]即使在疫情破壞我們的友情與社交模式之前，美國民眾已經一致地反映他們的生活缺乏歸屬感，也就是當與他人相處時無法單純地感到「自在」。

許多美國人正在尋求家的感覺。我了解要找到這種感覺並不容易。莫西（後來回鍋擔任拜登政府的醫務總監）還發現，人們對於承認自身孤寂感到難為情，也覺得丟臉，[22]這在視自立自強為民族美德的文化裡尤其如此。我們不想顯得需要別人或不中用，或坦承我們覺得自己是局外人。但我們多半耽溺於旨在傳遞以下訊息的系統裡：沉浸在 Instagram 之中，而它將告訴你，所有的人都已經想清楚快樂、被愛和成功之道，除了你之外。

跟其他人建立真正的連結有助於抵消這一切。我說的不是透過 Instagram 或臉書結交的「朋友」，而是一對一、面對面的現實生活中的關係（IRL relationships）。這會讓我們了解他人真實生活，而不只是我們在網路上可能見到、那種透過濾鏡和擺拍所呈現出來的生活方式。在真實的友誼中，你會刪除種種濾鏡。我的真朋友知道我沒化妝時，以及在燈光不佳和攝影角度不討喜的情況下的樣子。她們都看過我的邋遢模樣。她們甚至可能知道我的腳聞起來像什麼。但更重要的是，她們明白我最真切的感情、我最真實的自我，而我也同樣了解她們。

讀著各項統計數字，我開始思量，是否因為文化的關係，我們不再發展和使用特定的友誼相關技能。新冠病毒疫情在這方面的確毫無助益，但或許還有更深層的問題。我思考著，包括我自己在內有多少人懷著各種善意養育小孩之際，同時也對於是否付出得夠多感到有點焦慮。

我們預先排定每個玩伴日，把孩子們的行事曆塞滿各種安排——運動、課程、學科輔導、任何我們能夠發現而且負擔得起的活動——然而，即使我們認為這麼做是為了保護他們，卻把孩子們帶離了較寬鬆、更為即興的處境，而在那樣的環境裡，他們可能有機會被要求運用各種各樣的社交工具。

如果你小時候曾獲准在住家附近東奔西跑，而且社區裡有許多其他擁有自由時間的小孩，那麼你或許能明白我的意思。多數和我同一世代的人成長的社區感覺有點像是拓荒時代的西部，孩子們要自己想辦法找到朋友、打造夥伴關係、解決彼此的紛爭，並贏得自己的勝利。這些全都沒有明確的規則，也沒有成年人監督和影響我們的互動、沒有任何人會因為你出席而給予獎勵。確實，這種環境有時難免混亂，然而學習也得以在此發生。在這裡的體驗並非總是舒適自在或有所回報——不像空手道或鋼琴課可能帶來的那種體驗——但我們都遺忘了這個部分：不舒適和缺乏獎勵也是我們的老師。應對各項事情是一種生活練習，有助於我們在有點壓力的情況下弄清楚自己是誰。當你的工具箱裡欠缺社交工具時，將更難以駕馭成人世界和錯綜複雜的朋友關係。

因此我們必須不斷地練習敞開心扉、與他人建立聯繫。結交朋友涉及承擔風險，這當然意味著我們理應吞下恐懼。至少，友誼最初可能像是一種情感賭博——和約會頗為相似。你必須展現自己的某些本色才行得通。經由展示自我，你敞開心扉讓人評判，或甚至可能被人拒絕。你理當樂意接受彼此根本當不成朋友的可能性，而且這或許有一些充分的理由。

所有友誼都有一個燃點。這不可避免地牽涉到某個人對另一個人謹慎地逐步擴大好奇心，而且你絕不可羞於展現它。說出**我渴望認識你**是一種喜悅，而這種喜悅公認能夠滋長友情。是的，你初次向人表示樂於一起喝咖啡，或邀請人參加你的生日派對時，難免感到難為情，但當對方**確實**現身時，你**確實**雀躍不已，雙方都會有所收穫。你將開始逐漸了解對方，你們將著手共同創造新事物。你們將一起營造歸屬感。

我來說個有趣的故事。我和好友丹妮爾（Denielle）最初的幾次會面中有一回發生於白宮的車道。當天是莎夏的玩伴日，丹妮爾來接她與莎夏歡聚的女兒奧莉維亞（Olivia）。我們的兩個女兒正處於新友誼初期，彼此還有些尷尬。她們同校，正逐漸了解對方，而且同屬籃球後備隊員。我也曾多次在女兒學校的活動上，留意到丹妮爾退縮在房間另一頭的人群裡。對於她似乎不太有興趣會見我，說實話，我給予尊重。

我不僅是華府新鮮人，陌生人中的陌生人，同時也仍在努力調適第一夫人這個新角色。我成為他人津津樂道的對象。我出現在一個房間時通常會改變房裡的動態，原因不在於我是什麼樣的人，而是出於我當時的**身分**。因此，我往往發現自己對趨之若鶩的人不太感興趣，而對於躊躇不前的人興致勃勃。

此時我對社交最關切的重點依舊是兩個女兒。莎夏想邀請奧莉維亞和其他幾個女孩於周六來總統官邸一起玩，然後和大家在官邸裡的劇院看場電影，這讓我感到非常興奮。那天早上大部分時間，我一邊佯裝做著其他事情，一邊默默地徘徊於她們的周圍觀察著。當莎夏的房間傳出響亮的笑聲時，我不動聲色地壓抑住自己的激動情緒。操心我們遷居白宮的種種細節數個月之後，我終於如釋重負。這是一切回復常態的一個跡象，也是我們家的一個分水嶺時刻：**官邸裡有朋友們來訪了**。

與此同時，丹妮爾操持著自己的種種瑣事。她接收了我的助理寄送的電子郵件，裡頭提供了詳細的玩伴日接送小孩相關指示。她也像所有訪客那樣，被要求在事前數天提交社會安全卡號碼和車牌資訊，以利特勤局人員在她來到白宮時核對、放行。光是把小孩帶到總統官邸門口就要經過許多步驟。丹妮爾努力保持沉著冷靜，就如同她念三年級的女兒周六來總統家玩不是什麼大事。然而，這當然是大事。多年之後，當我們能夠笑談此事時，她告訴我說，當她知道自己將把車開上莊嚴的白宮廣大南草坪外圍通道時，曾事先把車開去洗。她還去了髮廊和美甲店。儘管白宮的接送指示明確告知她不能下車。

身為第一家庭成員，我們的新生活有著另一個奇怪的面向：民眾覺得有必要試著使自己配得上我們令人著迷的周遭環境。他們思量，為了第一家庭的緣故，必須讓自己煥然一新，這使我感到過意不去，即使那只是他們一時片刻的想法。對於人們光是開車到我家赴約就感到緊張焦慮，我可以理解，但這不是我樂見的事情。然而，我們當時就是那樣，一個來自芝加哥、原本平凡的家庭住進了有一百三十二個房間的宅邸，身旁圍繞著無數警衛。我們不全然是平易近人的。我們的生活中很少有非正式場合，而且絕無隨心所欲的事。我努力調適，設法使我們的生活盡可能切合實際。當莎夏的玩伴日結束時，我決定陪小奧莉維亞下樓，這樣就可以跟她媽媽打個招呼。這並不符合白宮的禮儀，依照慣例應由接待員護送訪客進出總統官邸。然而，我有自己版本的常規，也就是當玩伴日結束時，應當問候孩子的父母，並且把過程告知他們。我不在乎自己的頭銜；這是得體的做法。因此我放手去做。我有些意外地發現，任何時候我決定改變白宮既定禮儀，大家會趕緊接納我的意願，即使這將擾亂常態。如果我突然轉往預料之外的方向，我身後的特勤局人員會加快腳步跟上，並且迅速地對著手腕上的對講裝置說話。

那天我和奧莉維亞走到陽光普照的戶外時，看見丹妮爾坐在她剛洗過還打蠟的車內，於全副武裝的特勤局反恐突擊隊（Counter Assault Team）突然出現並部署在車子四周之際，試圖理解發生了什麼事情。這是出於白宮的一項法定程序。任何時候巴拉克或是我走出白宮時，反恐突擊隊都必須進入高度警戒狀態。我向丹妮爾大聲喊說「嗨，妳好！」，同時打手勢示意她下車。她遲疑了一會兒，不斷仔細打量著那些頭戴鋼盔、身穿黑色戰鬥服的突擊隊員，並且回想著大門口特勤局人員斷然又明確地指示她「始終待在車上」。然後，她非常緩慢地打開車門、走出車外。

我記得，那天我們兩人的初會只聊了幾分鐘。但是這已足夠讓我感受和丹妮爾交朋友將是什麼樣。她有棕色的大眼睛和溫柔的笑容。她問到玩伴日怎麼樣，又講了孩子學校的一些事情，以及自己在公共廣播界的工作。在確認奧莉維亞繫好了安全帶之後，她回到駕駛座，平靜地揮手向我道別，然後把車開走，留給我滿心的愉悅和好奇。真想不到，另一朵雛菊意外地出現了。

我和丹妮爾開始於觀看女兒們的籃球賽時比肩而坐，然後我很快就邀請她在下回奧莉維亞到白宮玩時和我一起消磨時光。即使身為第一夫人、有管家供應午餐，我依然要應對有點不自然、著手結識新朋友的局面。對我來說，身為白宮女主人還有一個新難題：必須顧慮流言蜚語。我意識到，我對新認識的人說的任何事情，或許會傳到其他人耳裡。我給人的任何印象或是隨意說出口的評論，不論是正面或負面，確實或不確實，都可能成為人們口耳相傳的故事。這是我在白宮新生活中能夠理解，但並不喜愛的另一件事情：我的私人生活具有一定的流傳價值。我是糟糕的母親嗎？我是討人厭、亂發脾氣的第一夫人嗎？我真的愛我的丈夫嗎？他真的愛我嗎？外頭始終有人渴望證明我們就某方面來說很虛偽。這使得我對於自己的舉止、展現出來的面貌多了一分小心謹慎。我知道我們承擔不起一次失誤、些許的誤解。我如履薄冰，總是憂心忡忡。

放鬆我的戒心並非輕而易舉的事，不只是對丹妮爾如此，對於那個時期進入我的人生的任何新人，我都一視同仁。但我也明白，倘若不降低戒心將會發生什麼事。我清楚自己將會落得孤立無依、帶點偏執，並且受困於狹隘的世界觀之中。假如我不拋開恐懼、敞開心胸迎接新朋友和新群眾，將會衝擊我以尋常方式參與女兒們的生活的能力。在學校的各種活動和各式餐會上，我將難以感到自在。人們和我在一起也將無法感到自在。如果大家和我相處不能輕鬆自在，那麼我如何能夠成為有實質作用的第一夫人？因此我覺得，持續對人敞開心胸是這個新職位的一大要務。

研究顯示，獨處確實會加重孤寂的程度。孤單的人的大腦會對各種社會威脅過度敏感，進而導致其更加孤立。[23]斷開與他人的聯繫會使我們更容易產生陰謀論和迷信的想法。[24]我們將會因此不信任那些有不同想法的人。這當然也會造成我們陷入困境。

儘管我的新角色容易遭受攻擊，我決心不往那個方向走。巴拉克與我一起討論過此事，我們一致認為，為了我們自己和白宮整體著想，必須達成一個目標：我們理當竭盡所能抱持開放而非封閉的心態。我們想要邀請更多人來家裡，因此我們擴增白宮開放民眾參訪的天數、把一年一度的復活節滾彩蛋活動規模擴大幾乎一倍，並且著手為孩童們舉辦萬聖節派對和國宴。我們認為開放是更明智的選擇。

我個人對於各種關係雖然也秉持相同的目標，但我的行動比較緩慢一些。對我來說，友誼往往會漸入佳境。這有點像是降下車窗來和新朋友對話。起初，你或許只會把車窗打開一些——有點小心翼翼，對於要分享多少東西鄭重其事。而只要你覺得安全了、你的新朋友把你的話聽進去了，你可能會將車窗再降低一兩英寸，然後分享更多事情。如果交流得好，你會再把車窗開大一些，直到最終車窗和車門都完全打開，然後你們之間除了新鮮的空氣之外別無他物。

我不清楚丹妮爾是在何時能夠全然自在地來拜訪我，而不用事先專程去洗車和做頭髮。但我們開始不再那麼注重彼此見面時的儀容，以及會留給對方什麼樣的印象。我們漸漸轉變到坦誠以待，彼此之間不再有緊張或期待所造成的隔閡，而且能夠愉快地把鞋子脫下，一起坐在沙發上聊天。每回聚會的數小時期間，我們都會找到女兒們一起玩口袋波莉（Polly Pockets）或在南草坪爬樹的自然節奏，並且多拋開一些戒心。我們越來越能輕鬆大笑，也更能夠誠摯地談論彼此的諸多感受。種種風險已經降低。我沒有必要再顧慮所分享的事情，不論是小小的、傻氣的抱怨，或是內心深處的實質憂慮都無所謂。我們相互確認對方是可靠的。我們已經成為朋友，而且將維繫彼此的友情。

《黑人當道》（*black-ish*）影集女演員崔西・艾莉絲・羅斯（Tracee Ellis Ross）多年前曾在臉書寫下動人的頌詞，獻給她擔任時尚雜誌總編輯的好友薩米拉・納斯爾（Samira Nasr）。她描述了兩人在雜誌社共事時相識與締結情誼的過程。崔西看見另一個房間裡的薩米拉並且想說，「她的髮型和我相似……我確信我們能當朋友。」[25]結果她想得沒錯。她們成了最親密的朋友，迄今已經超過二十五年。崔西的臉書貼文表示，「沒有她，我將做不成人生大事。我是她生命中的藤壺（barnacle）。」

我認為她的表達非常美。我珍視朋友，視之為人生中的雛菊和鳥兒——使我的每個日子更加明亮——不過這只是另一個適當的思考友誼的方式。假如你曾經在海邊度過時光，並且遇見過附著於船底和海面下岩石、外殼堅硬的甲殼類生物，將會明白，藤壺的堅定不移、穩如磐石是無與倫比的。我們同樣可以用藤壺來形容一位優異的朋友。幸運的話，你的人生可能至少會結識一些矢志不渝的摯友，他們不帶偏見地接納你，出手幫助你解決難題，並且帶給你歡樂——不只一個學期，或是跟你住在同一城市的兩年期間，而是長年堅持不懈。藤壺不引人注目，我認為最好的友誼也是如此。它們不需要目擊證人。它們不會試圖完成可以衡量或兌現的事情；實質的事情多半發生於不為人知的幕後。

我的好友安琪拉是我的藤壺之一。我們最初在大學相識，後來我們還與另一位夥伴蘇珊一同成為室友。來自華府的安琪拉口若懸河，她擁有出類拔萃的智力，以及我所見過最學院風的服裝。在認識安琪拉之前，我沒見過太多穿拉夫勞倫（Ralph Lauren）粉紅色麻花針織毛線衣的黑人女孩。然而，這就是大學的美妙之處；它擴展了時尚的界線。大學把許多新的人丟到你面前，使你關於可能性的既定觀念出現改變，這通常會揭露出你認為不存在或不可能存在的事物。安琪拉笑聲洪亮，習慣於清晨五點起床念書，然後在中午小睡一下。我們彼此向對方學習。我們曾於某個夏季一起在紐約擔任營地輔導員。在感恩節和特定假期周末，我會跟著她回家，因為回我芝加哥老家的旅費太昂貴。她的家庭背景跟我家相去不遠。大學畢業後，她成為我的朋友裡最早結婚生子的人，並且一邊適應母職，一邊上法學院深造。看著她善盡親職——沉著且有耐心地餵養和撫育兩個兒子，使我覺得自己最終也能做到。

隨著時光流逝，我們的友誼變得更加堅定且持久——越來越像藤壺——我們不但如大學生那般開懷暢笑，也相互分擔生活中一切令人沮喪的事——所有我們失去的人事物，但仍得活下來。我們失去了昔日的室友蘇珊，她在畢業五年後因罹癌過世。之後不久，我的父親也與世長辭。在我和巴拉克建立親密關係初期，安琪拉有時會在深夜打電話給我，而電話那頭盡是她的嘆息聲。安琪拉的婚姻那時正緩慢瓦解，她必須找人談心。她支持我熬過了不孕之苦；我協助她撐過了離婚的煎熬。我們在許多方面承受壓力，而且我們一直都在。

當我在白宮情緒低落時，會詢問安琪拉能否過來探訪我。她總是義無反顧，穿上暖色系服裝，拎著明亮色皮包，對白宮一切安全措施和誇大排場不為所動，甚至在進門前就開始表達關切。她的皮包裡裝著一張皺巴巴的紙，上面羅列著我們分開期間和當下她想要對我說的所有事情。這樣的情誼已經持續了數十年，我們永遠有說不完的話。

安琪拉是我更廣的朋友圈的一員，她們幫我度過了人生諸多時期。她們有些是我的舊識，有些是新近才結交，而這些好友總是陪在我身邊。有些心理學家稱此為「社會護航」（social convoy），意指伴隨你經歷歲月流逝的一組基本關係，像護航隊那樣在一切事情上護持你。找到和維繫健全的友誼並非總是易如反掌，尤其當前的疫情使人更加憂懼不拘禮節的互動，然而友情的益處始終根深柢固。研究顯示，如果你擁有強固的社會關係，你可能會比較長壽，壓力會相對較少。[26] 科學家發現，穩健的社會支持體系與較低的憂鬱症、焦慮症和心血管疾病比率具有關聯性。[27] 即使是小小的社會互動[28]——你購買咖啡或遛狗時會有的那種互動——也已證實能夠促進心理健康，且有助於創建更強大的社群關係網絡。

我不確知友誼或是晨間買咖啡時與他人的短暫互動，如何變成了有點需要勇氣的事情。然而，情況似乎越來越往這個方向發展。或許正如同我先前提到的那樣，這是因為我們都帶著各式盾牌來隔開面對面的社交活動。我認為手機也是阻擋我們於機緣巧合下發現友誼的一道藩籬。任何時候我們即使只是避開現實生活中微小的聯繫，都在某種程度上錯失了可能性。如果我們等待咖啡時滑手機看新聞，或是玩「糖果傳奇」（Candy Crush）遊戲，那麼我們的意識和眼睛就注意不到周遭的人事物。我們把耳機塞進耳朵裡，就是向外界示意，我們的心思在其他地方，不會去關注狗狗公園裡或是雜貨店內其他的人。當我們埋首於手機之中過日子時，我們同時阻絕了許多細微但饒富意義的、與人連結的途徑。我們限縮了自己親近他人獲取溫暖的機會，把周遭所有充滿活力的人拒於門外。如果我在髮廊一直盯著手機裡的推特訊息，我可能永遠不會費心與人交談，而珊蒂現今也不會是我的知己。假如安琪拉在普林斯頓大學一心專注於使用 Snapchat 與她的學院風服飾同好們分享照片，我們也絕不會成為如此親密的朋友。

我承認，持不同見解的一方當然有他們的論據。手機畢竟是一種工具，而且網際網路若不能幫我們通往實際上龐大、有著無限可能性的世界，便會一無是處。它把種種新觀點引介給眾多的人，提高了許多前所未聞的言論的聲量，而且鼓舞了社會所有部門之間的協作並提升其效能。在最佳狀況下，它讓我們同時見證暴行和出於勇氣或善意的行為，使我們不致過於天真，而能夠更深刻地看清世界。它給予我們更多機會來要求掌權者承擔責任，以及跨越疆界對各種不同文化產生同理心和彼此連結。我與許多人對話過，他們發現不少線上社群已經成為重要的生命線，能夠提供資訊、安慰和親切感來幫助他們排解孤寂。

一般而言，這一切都很美妙。然而，即使我們恆久掌握這個喧囂的連結入口，我們依然會孤獨地——或許比以往更甚地——迷失在內容的大雜燴之中。我們當中許多人掙扎著想要知道，究竟應當相信什麼事和人。

愛德曼全球信任度調查（Edelman Trust Barometer）是針對世界各地二十八個國家民眾情緒的年度調查。新近的調查報告結論指出，不信任已經成為「社會既定的情緒」（society's default emotion）。[29]與此同時，社群媒體在設計上刻意使我們經常處於飢渴的狀態，讓眾多年輕和美好的心靈鍥而不捨地尋求他人按讚、點擊和認可。這意味著，我們看到的影像和獲得的訊息，通常較不貼近真實，而較多是被它們引發的回應所形塑。憤怒有助於銷售。衝動的行為總是令人感到愉快。誠如社會心理學家強納森・海德特（Jonathan Haidt）所言，[30]我們較常透過社群媒體進行表演，而較少藉它來相互聯繫，這是拜其設計上的意圖所賜。我們受此操弄，不僅看不清他人的現實情況，也時常疏離了自身最真實的狀況。

我相信，手機不能提供必要的資訊來幫我們克服對於他人和不同觀點的不信任，至少它在當前還做得不夠。我常指出，很難去討厭近在咫尺的事物。當我們拋開對於新事物的恐懼，並且對他人敞開心胸——例如在電梯裡向人問好，或是在排隊購物時與人聊天——即使只是短暫且隨意的互動，甚至還戴著口罩——我們都是在實踐一種重要的微型連結。我們相互釋出大致上還不錯的訊號，並且為亟需團結的世界添加了一些社會黏著劑。

當投注時間與他人實質地交流時，我們也可能發現，彼此之間的差異遠非我們想像的那樣深刻，也不是特定媒體或是名人想要我們相信的那般嚴重。現實世界的連結往往與刻板印象相去甚遠。事實上，這種連結可以顯著地安定人心——它是一種微小卻強效的方式，可以擺脫壞心情，或抗拒更廣泛的不信任感。而為了與他人建立連結，你首先必須放下自己的盾牌。

我對於社交能力的標準全然是老派的，這要追溯到我童年時期歐幾里得大道家裡的廚房。那是我始終能夠實現自我的地方，在那裡，我的各種情感——不論當時看來多麼傻氣——從未受到壓抑。我可以從宛若拓荒時代西部社會的鄰里環境飄然回到這裡，並且拋開一切微小的爭執、稚氣的愛慕、新畫定的勢力範圍等細枝末節，同時確知自己適得其所——我在這裡安全無虞、被人接受，而且感到舒適自在。歐幾里得大道家裡的廚房也像磁鐵一般吸引眾人：鄰居們隨時來訪、遠房親戚們前來用餐、我哥哥的青少年朋友們坐下來徵詢我父親的建議、我母親供應花生醬和果醬三明治給我所有的玩伴，而且於準備晚餐時讓我們在地板上玩遊戲和閒聊學校的事情。這是個小巧的廚房，或許長寬各十英尺，它的天花板低矮，房裡擺著一張小餐桌和四把椅子，桌上鋪設塑膠桌布，然而它給予我無比的舒適感和安全感。

如今我努力提供相同的感受給我的友人：一種在家的感覺、安全感與歸屬感、能夠同情共感的一雙耳朵。這就是我從友誼裡尋求的、如同昔日那樣包羅萬象的情感。我的朋友們使我聯想到「廚桌」，她們是家人之外能夠彼此信任、同歡共樂和相互倚重的人——我願為她們做任何事情。她們是我人生裡會邀請來拉張椅子一同促膝長談的人。

我也領會到支持、認可和愛能夠來自任何人跟任何地方，而不只是源自於家與家人。我的廚桌旁環繞著年齡比我大的若干最重要的人，她們曾是我年輕時的導師，她們對我公開自己的生活經驗，讓我明白未來可能發生的事情，這些教誨補足了我的父母未能提供給我的部分。我在普林斯頓大學工讀時的活力十足主管潔妮帶我到她的羽翼下，讓我觀察她如何身兼單親媽媽和專業婦女，那是一堂饒富意義、關於在忙碌的生活裡如何求取平衡的近距教學課程。後來，薇拉瑞・賈芮特（Valerie Jarrett）幫助我從企業律師轉職成為公務員、完成職業生涯最重大的轉型。在個人領域和專業領域，她都宛如我的大姊。她帶領我安然度過各式各樣的轉變過程，在我力圖做出決定時提供種種建議，並且在我心煩意亂時幫我冷靜下來。她接納我成為其人生中的一個藤壺。

我的廚桌座上客還包括更廣大的年輕朋友圈裡值得珍視的人，她們有助於我保持清新的觀點，並且考驗我跟上新思潮的能力。她們與我無所不談，從時尚的美甲設計到如何欣賞dembow音樂，不一而足。她們試圖幫我了解社群應用程式Tinder和抖音。當我說了讓她們覺得老掉牙或是不開明的話時，她們會挑戰我的說法。這些年輕朋友總是促使我不斷學習。

整體來說，我的廚桌永遠不會死氣沉沉。在我人生的不同階段，重要程度不一而足的朋友們來來去去。不論你擁有的是一小群友伴，或只是少數一對一的知己，都無所謂。至關緊要的是朋友關係的品質。你要有能力識別可以信任和親近的對象。在結交新朋友上，我會默默地評估自己有沒有安全感、是否覺得雙方進入了友誼萌芽期，以及對方是否看見並且欣賞我的真實自我。我與友人們始終非常單純地尋求確認，我們注重彼此的情誼、辨識彼此身上的光，而且互相傾聽彼此的心聲——朋友怎麼對我們，我們也同樣回報。我也要指出，面對艱難的友誼，退一步思考或是減少互動也無妨。有時候，我們必須對特定的朋友放手，或者至少降低我們對他們的信賴。

我的廚桌座上賓並不是全都彼此相識；有些人甚至不曾見過面。然而，整體來說，她們是強大的。在不同時期，我以迥然不同的方式仰賴著個別的朋友。因此我們必須認清另一件有關友誼的事情：沒有任何單一的人、單一的友誼關係能夠滿足你所有的需求。並非所有朋友都可以時時提供你安全感或支援。並不是每個人都能在你恰恰需要他們時，確切地用你所需的方式現身相挺。這就是我們最好總是為廚桌留下空間的原因，以便對結交更多朋友保持開放心態。我可以保證，你將永遠需要友伴，而且你絕不會停止向他們學習。

依我之見，與人交友的最佳方式是醉心於對方獨一無二的特色、感激他們個別帶給你的一切，以及單純地接受其真實自我。有時這意味著放手讓不能或無意帶來情誼的朋友離開。我有一些喜好登山和旅遊的友伴，也有樂於賴在沙發上喝茶聊天的朋友。我會在面臨危機時打電話給某些知己，其他友人則不是我的求援對象。某些良友會給我建議；其他摯友則會講她們約會的故事來取悅我。若干朋輩最愛深夜狂歡派對；其他人則規律地在晚間九時就寢。有的益友擅長記住大家的生日和意義非凡的日子，有些良朋記不清這些日子，但是會誠摯地送我禮物，而且跟我相處時會全神貫注。重要的是，我們彼此看見和欣賞對方真實的自我。我的朋友們開闊了我的視野。她們有助於我如實地展現自己。正如童妮・摩里森小說《寵兒》（*Beloved*）

裡一個人物對另一角色所言，「她是我的心靈摯友……她拾起化為碎片的我，並且使我回復原貌。」[31]

隨著時間推移，我在人生不同階段結交的友人也開始彼此親近，部分原因在於我具有教練的天分，我堅持每當大家有時間時便舉行團體聚會。我們共同形成了一個支持者圈子，在這個團體裡，我們總是相互為彼此的成功提供奧援。我們宣揚種種勝利，並且從各項挑戰獲得回饋。我們一起克服困難，也藉由鼓勵和體貼的聆聽，來「輕推」（nudge）對方一把。我與朋友之間的對話從來不曾終止。我們都是彼此的座上賓，相互分享親密關係和真摯的感情。

我時常告訴兩個女兒，「不要獨自面對人生。」與眾不同的人們為了生存尤其應當注重，如何創造自己感到安全和自在的空間。找尋你能夠卸下盔甲、擺脫種種憂慮的對象，是值得戮力以赴的事。你可以向親密的友伴們傾訴在其他地方難以啟齒的所有事情，也可以肆無忌憚地向他們展現你的憤怒，以及對不公不義和輕蔑藐視的憂懼。因為你不可以把一切藏在心裡。你不能夠單獨處理因自身與眾不同而面臨的種種挑戰。隱忍不發的話，人生會太過沉重、太過痛苦。嘗試獨自扛起一切，可能會侵蝕、耗盡你的生命力。

讓你的廚桌成為你的避風港。在那裡，你可以暫時停下讓人精疲力竭的、無止無盡地克服日常挑戰的種種努力，也能安然地瓦解迎面而來的、有傷尊嚴的猛烈攻擊。你還可以在那裡吶喊、吼叫、咒罵和痛哭。你呼朋引伴齊聚的廚桌是舔舐傷口和重新補足能量的所在，也是補充氧氣、恢復呼吸的處所。

當巴拉克擔任總統時，身邊圍繞著一群優秀的白宮西廂同事——超專注、超有智慧的內閣成員和幕僚群，他們共同組成高效能團隊和傑出的支援體系。然而，我依然近距離觀察到總統職位的孤寂——我的夫婿身為首要決策者肩負著重擔，他承受的種種壓力始終有增無減。在他傾注心力應對一場危機時，另一場危機又冒出頭來。他時常因為一些不受其控制的事情遭到責難，有時也會被那些對於變革沒有耐心的人苛責。他必須應對國會的紛紛擾擾、國家遭受的經濟衰退傷害，以及海外的林林總總議題。我常見到他在晚餐後走進書房，心知他將持續伏案工作直到凌晨兩點——獨自一人清醒著，並且力圖掌握一切事情。

確切地說，他並不孤單——畢竟他的生活非常充實——但他確實需要避風港。他的職務本質上不得鬆懈，而且壓力可能對他的健康造成影響，這使我惴惴不安。在巴拉克當上總統數年後，我邀請他的大約十位男性摯友，前來大衛營舉辦驚喜派對為他慶生，共度周末及享受愉快時光。那是在八月間。當時國會尚未休會，他自然仍於幕僚群陪同下四處奔波，還要聽取每日例行簡報，但我估計他至少可以試著短暫放鬆一下自己。

他確實這麼做了。我未曾見過有人像他在那個周末那樣迅速地投入歡樂時光，在我看來，這凸顯出他多麼需要暫時的解脫。他的高中死黨從夏威夷趕來；他的一些大學同學也到場了，還有他在芝加哥的幾位知己亦共襄盛會。那時他們都做了什麼？他們盡情地玩樂。莎夏、瑪莉亞、我和巴拉克朋友們的妻子及小孩，多半在游泳池畔消磨時光，男士們則全心投入大衛營提供的所有活動。

他們就像拿到「免獄卡」（get-out-of-jail-free card）一樣，從各自的工作職責和家庭義務中一躍而起，並且如同我的朋友們參加周末體能訓練營時那般，絲毫不想浪費掉一分一秒的自由時光。他們打籃球。他們玩牌和擲飛鏢。他們練習飛靶射擊。他們打保齡球。他們舉行全壘打大賽（home-run derby）和美式足球投擲賽（football toss）。他們記錄所有得分、在每場競賽噴垃圾話、喧鬧地評論眾人的球技和令人失望的表現直到深夜。

這被我們稱為「大衛營競賽」，而且成為巴拉克生活中一項慣例。如今，我們每年在瑪莎葡萄園島（Martha's Vineyard）舉辦擴大版年度聚會，活動包括一場開幕儀式和頒發各種獎盃。對於勤勉不懈、沉著冷靜的巴拉克，這是暫時的解脫，他藉此回歸到童年時期的輕鬆愉快狀態，趁機彌補他和珍視的人們之間的關係、跟他們一起單純過日子。這就像是在學校下課時，得空和朋友們自由又有些狂野地在校園東奔西跑。他由此得享喜樂。

生活向我顯示，強固的友誼往往是出於有意塑造。你理當慎重地打造廚桌、深思熟慮地邀請座上客，並且審慎地呵護這一切。對於你想要結識的人，不僅要表明**我對你感到好奇**，還要投注更多——為發展和深化友誼撥出時間和精力，以培養友情為優先要務，縱使其他次要的事情將堆積如山，還要用難得的方式專注於增進友誼。我發現，為友情創造儀式和慣例——每周一起喝咖啡、每個月共飲雞尾酒、每年聚會，對於鞏固友誼卓有助益。我和好友凱瑟琳（Kathleen）定期相約於晨間沿河散步。過去十多年來，我和一群母女每年找一個周末一起去滑雪，而且這已成為每位參與者行事曆上的固定活動，我們都不計一切代價守護它，即使我們的女兒也不例外，如今她們已能體會擁有朋友圈對於人生的意義。雖然我的周末體能訓練營活動不再像往日那樣頻繁和嚴格，但我仍然喜愛和友人們一起揮汗運動。

維吉尼亞大學研究人員曾探索一項關於友誼的特定理論。[32]他們讓一群自願參與者背上沉重的背包，然後請他們一個接一個站在一座大山前，宛如他們即將攀登這座山。研究人員要求每位自願參與者估計，這座山有多高。半數自願參與者是獨自站在山前；另一半則有他們認定為朋友的人陪在身旁。有友人陪同者一貫地認為這山不是很陡峭，爬上去並不困難。當站在山前的是兩個長年好友時，結果甚至更為顯著：那座山會顯得更為平坦。這就是友伴帶來的力量。所以我們理當呵護友誼。

對於結交新朋友有所保留、猶豫不決的人，這是我最想告訴他們的事。每當年輕人說，冒著風險或是忍受尷尬去尋找和逐漸認識新朋友，會令他們過度緊張，我總是對此感到憂心忡忡。我想讓他們明白，只要願意擴展自己對於他人的好奇心、只要保持開放的心態，就能從其他人那裡找到豐足和安全感。朋友會成為你們的生態系統。當你打造這個生態系統時，你不斷地把更多雛菊放進自己的人生中。你持續地將更多鳥兒放到樹叢裡。

▲巴拉克是我最好的朋友、我的真愛，和我人生最重要的破壞式創新者。

第6章 優質夥伴關係

去年，我們的兩個女兒一起在洛杉磯租了一套公寓。她們恰巧都在這個城市生活——莎夏在那裡念大學，瑪莉亞則剛開始從事寫作——她們相偕在一處幽靜社區找到了一個對兩人都方便的小住所。她們選擇當室友令我滿心歡喜。我想著養育至今已二十歲出頭的兩個孩子成了彼此的朋友，這使我感到幸福。

在新租約開始的頭一天，她們把家當搬進了空無一物的公寓。她們擁有的似乎多半是衣服。像多數跟同齡的人一樣，我們的兩個女兒此前除了新冠病毒疫情導致大封鎖那幾個月期間，大多數時候居無定所。她們穿梭於大學宿舍和附有家具的分租公寓之間，遷移時只帶著能夠裝得進汽車後車廂的東西。每年有幾次，她們會獨自或雙雙於假期回到家裡，和我們同住一周或兩周，悠閒地享受大人提供的舒適安逸，縱情於滿冰箱的美食、沒有室友圍繞、換洗衣物便利，還有懶散的家犬甜蜜陪伴。在這些插曲裡，她們從食物、睡眠、隱私和家人團聚的時光獲得能量。然後，她們會把一些個人物品放進衣櫃裡、把冬裝換成夏裝或將夏裝換成冬裝，並且再次離去，宛若候鳥那樣振翅飛走。

如今，許多事情正在改變。已成年的她們為自己找到了住處，我感覺這將不會是那麼短暫的事情。兩個女兒開始更像是成年人、更進一步在成年生活裡安身立命。

在她們搬進新居第一個月期間，我於幾次視訊電話時瞥見了她們在居家裝飾上的努力成果。我注意到她們挑選的一張可愛的椅子，以及牆上掛的多幀充滿藝術氣息的裱框照片。她們買了吸塵器、抱枕、毛巾，還有一組牛排餐刀具，這讓我覺得有趣，因為她們兩人實際上都不熱中於烹飪，也不喜愛吃肉。然而，重點是她們正深思熟慮而且自豪地打造一個家。她們正在學習「家」的構築方式。

某天晚上，我透過 FaceTime 和莎夏視訊通話時，很快就因為瑪莉亞而分心，因為她在背景裡走來走去、用除塵撢清潔一個裝滿飾品和書籍的層架。她在為她們自己的家當拂去灰塵！這看來多麼成熟，即使我不禁注意到她還沒學會把架上物品拿起來或移動它們，好撢除各角落的灰塵。

但是，這不重要，她做得還不錯！這使我的內心澎湃不已。

我和巴拉克一得空就盡快前往洛杉磯探視她們。莎夏和瑪莉亞歡天喜地帶著我們參觀她們新租的公寓。她們在留心預算下，於庭院拍賣會和附近的宜家家居（IKEA）門市購買了一些物品，把新居布置得很好。她們沒有使用床架，直接睡在鋪著漂亮床罩的彈簧床墊上。她們在跳蚤市場選中一組古怪的茶几。她們已擁有一張餐桌，不過還沒找到負擔得起的座椅。

我們打算全家人一起上餐廳吃晚飯，但是她們堅持先請我們喝飲料。瑪莉亞端出了一盤熟食遞給坐在沙發上的巴拉克和我，並且表示她以前未曾體會到起司貴得這麼離譜。

「而且我甚至沒買任何超豪華起司！」她說。

莎夏則嘗試為我們調製兩杯淡馬丁尼——**等一下，妳知道怎麼調馬丁尼酒？**——她先在嶄新的咖啡桌上放了兩個杯墊，然後才把盛馬丁尼的玻璃酒杯端給我們，以免在桌上留下水痕。

我驚訝地看著這一切。確切說，我不是因為孩子們長大了而感到意外，而是這一切——尤其是那兩個杯墊——代表著截然不同的里程碑，這是為人父母者長年尋覓的蛛絲馬跡，意味著小孩明白事理了。

當莎夏那晚把馬丁尼端給我們，我想起她們還受我們呵護時未曾費心使用過杯墊，以及自己多年來不斷力圖去除包括白宮的各種桌子上的水漬。

然而，事態改變了。我們現今坐在她們擁有的桌子前，而且她們想要保護它。很顯然，她們已經領會了事情的道理。

我們都是如何轉變成大人、過著實質的成年生活，並且擁有實際的成年人關係？似乎，我們多數是在嘗試錯誤中逐步把事情想清楚，然後日漸成為大人。據我看來，我們多半是隨著歲月流逝，慢慢想通自己是誰和生存所需，從而明白了自己的各種身分。我們往往追隨著關於成人生活應當如何的一些不精確概念，據此逐步地接近成熟狀態。

我們演練和學習，領會並且實踐。我們犯下種種錯誤，然後重新開始。在很長一段時間裡，我們覺得許多事情充滿實驗性質，總是變動不居。我們嘗試各種不同的生存方式。我們體驗和捨棄各種不同的生活態度、方法、影響與工具，直到我們逐漸開始更加了解什麼最適合我們、什麼對我們最有助益。

我近來看著兩個女兒安然在西岸生活、儲備廚房用具和餐具、用她們所知最好的方式為家具除塵，就一直反覆思考著這些事情。

她們正在實踐。她們正在學習。她們正走在自己想要的人生途中。她們每天一點一滴提煉想法，關於身為獨立個體想要何種生活方式；力圖領悟哪個地方、什麼方法和哪些人，最能使她們感到身心安頓並且產生安全感。

從社會面來說，莎夏和瑪莉亞正處於有點狂野、有些倚賴跳蚤市場的人生階段，此時新朋友是幾乎隨處可以找到、令人心潮澎湃的寶藏。我依然記得自己二十歲出頭那個時期。這時的探索充滿了樂趣，市場始終琳琅滿目，發現好物總是讓人感到無比興奮。不過，我的女兒們同時也正不知不覺地投入更重要、更切近人情事理的追尋：她們持續學習著什麼人可以信賴、跟誰能愉快相處、哪種朋友關係最值得投入、何種友誼將陪伴她們度過一生。她們開始著手打造自己的朋友圈。

戀人關係也是相同道理。瑪莉亞和莎夏正在做的事，跟巴拉克與我在這個年齡時各自的約會談情並無二致（順帶一提，我被告知，女兒們的同齡人約會已不再使用「dating around」這種說法）。我的意思大致是她們和不同的人出遊，並且嘗試建立各種不同類型的關係。這是她們此時建構人生的過程中發生的一部分事情，是她們更大的人生拼圖裡的一角。事實上，我希望兩個女兒不要太早衝出跳蚤市場。我期許她們多逗留一些時間，讓各自的種種關係保持變動的空間和青春活力。我深切盼望她們在與人締結誓約共度一生之前，以學習獨立生活技能為優先要務，好好體會如何謀生、怎麼維持健康、滿足生活所需、長保快樂。我忠告她們應當專注於使自己成為全人（whole people）、具備自力更生的能力。當你學會自立，你就有了更好的與他人分享的準備。你理當自始至終不斷練習這一切。

我支持兩個女兒學習建立成熟的人際關係，而不是擔心這將帶來某些明確的結果。我不希望她們把婚姻視為某種必須尋求和贏得的戰利品，或是相信婚禮是恰當地開始幸福生活理當要有的排場，或者覺得生育小孩是美滿人生的必要條件。我期許她們體驗不同層次的承諾、想清楚如何終止窒礙難行的關係，以及領會怎麼展開大有可為的新關係。我寄望她們明白如何找到應對各種衝突的正確方法、了解親密關係令人陶醉的興奮感，並且能夠體會內心惶恐不安是什麼樣的感受。當我的孩子們最終選擇人生伴侶時，我希望她們是在有實力的地位上、在真正明瞭自己和自身需求的情況下，做出她們的抉擇。

基於對兩個女兒隱私權的尊重（也因為她們必定不會饒過我），在此我不會透露更多有關她們感情生活的事情。不過，我要說，看著她們實踐和領悟，一直是件美好的事。

我對她們的最大期望是什麼呢？
我希望她們找到各自的家，不論那個家最終看起來像什麼。

時常有人向我尋求人際關係方面的建議。他們注意到，在他們看過的我和巴拉克的一些合照裡——我們總是開懷暢笑，或是彼此凝視對方、顯得對於兩人在一起感到心滿意足——他們推斷我們很享受相伴的樂趣。他們詢問，我們是如何維繫迄今已屆三十年的婚姻並且保持幸福。我想說，**是的，確實是這樣，有時我們也對此感到意外！**我真的不是在開玩笑。當然，我們有自己的一些問題，但是我愛這個男人，他至今也依然愛我，而且看來會永遠愛我。

我們的愛並不完美，然而我們情真意切，並且矢志不渝。在許多方面，我的丈夫和我是迥然有別的人。他是喜愛孤獨的夜貓子。我是早鳥，愛好滿室賓客。在我看來，他花了過多時間打高爾夫球。而依他所見，我看了太多通俗電視節目。但是我們之間存有彼此確信無疑的愛意，我們單純地確知對方無論如何都會留下來。我認為人們從我們的合照感受到的是：即使我們已共同生活半輩子、儘管我們以各種方式惹惱對方、縱然我們有各方面的差異，我們都沒有離開對方，並且因此感受到小小的勝利。我們依然在這裡。**我們留在彼此身旁**。

在成年生活裡，我曾經住過許多地方，然而對我來說，我只曾有過一個真正的家。我的親人組成了這個家。巴拉克就是我的家。

我們的夥伴關係是我們共同創造出來的成果。我們每日存在於這個關係之中、竭盡所能來增進它，有時則在各自忙著關切其他事情時，任由它延續「現狀」。我們的婚姻是我們的出發點，也是歸宿，在此我們能夠各自全然地、舒適地、時常惱人地做自己。我們已習於接受，共同居住的領域、彼此之間的能量和情緒不須總是整潔且有條有理，或符合我們其中一人或兩人確切想要的那個樣子。然而，明明白白而且令人安心的事實是，我們的關係經得起考驗。對於我們來說，它已變得穩若磐石、確定無疑，而這似乎是世上難得一見的事情。

我收到民眾透過社群媒體、信件和電郵提出諸多問題，這些提問主要圍繞著各種關係的確定性前提——我們應有多大程度的把握、可以搖擺不定到哪種程度。我如何知道自己找到了合適的、值得託付的伴侶？偶爾討厭我的伴侶是不得體的事嗎？當我的父母立下了不好的榜樣，我如何能夠好好付出愛？當我面臨衝突、惱怒、苦難、挑戰時，會發生什麼事？

有些人告訴我，他們正認真考慮結婚、相信婚姻將能化解彼此的關係中一些特定問題。某些人指出，他們正慎重思量生兒育女，認為這能夠修補他們的婚姻裂痕。有時也有人說，他們正嚴肅地考慮離婚、想知道應當維護還是捨棄已經陷入困境的令人不悅的關係。還有一些人表示，他們認為婚姻大體上是無趣、父權制的、過時的傳統。也有年輕人擔心在親密關係上犯錯或是已經犯下錯誤，並且正在思忖自己該怎麼做。

一位名叫蕾西（Lexi）的年輕女性不久前從阿拉巴馬州寫信向我傾訴說，「嘿，蜜雪兒女士，在跟男孩的關係上，我面臨了許多問題……」

老實說，對於這類問題，我實際上沒有答案或是解方可提供給任何人來應對個別的挑戰。我唯一知道的有關愛的故事，是我日常生活於其中的這個故事。你通往關係確定性之道——如果這是你尋求之事的話——將與我的道路大相逕庭，就如同你關於家的概念，以及誰和你共同屬於這個家，始終是你個人獨一無二的想法。

我們多數人只能慢慢想清楚自己在親密關係中需要什麼，以及我們能夠給予對方什麼。我們實踐，我們領悟，我們搞砸。有時我們取得的工具對於我們並沒有實際的用途。許多人在建立關係初期做了一些未必正確的投資。比如說，我們可能認為有必要而買了一堆牛排刀。

我們可能太沉迷、思慮過多，並且把精力用在不對的地方。有時我們會聽從糟糕的建議，或是忽略良好的建言。我們於受傷時退縮不前。我們在害怕時披上鎧甲。我們可能在被激怒時攻擊對方，或者在感到羞愧時低頭。你也可能像許多人那樣認定，即使沒有任何伴侶也十分快樂而且過得很充實。如果是這樣，我希望你將為此稱慶——我期許這是一個全然正確而且成功的人生抉擇。也有不少人將不知不覺地仿效原生家庭的關係——童年時期認知的家的版本——這當然可能會有美好或是極糟的、或是介於兩者之間的結果。我認為，真實且持久的愛多半發生於中間地帶。我們都尋找著這個問題的答案：**我們是什麼樣的人？又想成為什麼樣的人？**

近來，我有時會從稍遠的距離觀察我的夫婿，並且覺得自己彷彿凝視著一道時間紗幕（the scrim of time）。我看著數十年前沒撐傘被暴風雨淋濕、第一天到我所屬法律事務所擔任夏季助理就遲到、只些微感到不好意思、時年二十七歲的巴拉克，現今一頭灰髮、不再那麼瘦骨嶙峋、有點更加憤世嫉俗的模樣。他昔日的笑容為何如此令人難忘？他的聲音為什麼這麼好聽？

他那時非常迷人。此時依然有魅力。他那時有些知名度——是個因才智出眾在法界備受矚目的法學院學生——而且，我想他現在更是家喻戶曉。儘管如此，他確實還是一樣穩重、有著相同的胸懷和煩惱、依然時常遲到，或遺忘雨傘這類基本又實用的事物。他仍然是我多年前在法律事務所等候室發現的那個時而圓滑時而笨拙的、不切實際的人。我首次見到他的瘦長身形和非凡面容並與他握手時，尚未能明白他將成為我的真愛和人生裡最大的破壞式創新者。

像許多人一樣，我對婚姻曾有一些想法，而當中僅有極少數是正確的。當我還是個孩子時，我和朋友們常玩MASH這類算命遊戲來預測自己未來將住在何處、開哪種車、生幾個小孩。我們也玩過另一種摺紙風格的遊戲，在摺疊的紙張下隱藏著的選項裡，寫著日後將與我們成婚的人的名字。我們看著各式各樣的結果咯咯傻笑或倒抽一口氣：我是否真的會嫁給傑克森五人組（Jackson 5）的馬龍・傑克森（Marlon Jackson）、住在加州並且開旅行車？我的朋友泰瑞（Terry）果真會和我們的同學泰蒂（Teddy）生育九個小孩，並且住進佛羅里達州的豪宅嗎？

我當年只知道種種可能性似乎既宏大又無止境。我那時**以為**，最終結果將是一場如夢似幻的盛大婚禮，隨後是長年的幸福和熱情、永不將就的生活方式。因為，這不就是婚姻該有的樣子嗎？我那時還太年輕，以至於認為自己有朝一日不妨擁有像自己父母那樣的婚姻。他們忠於彼此而且相處融洽，秉持著人情事理經營持久且友善的共同關係。他們帶給彼此歡笑。他們一起分攤家務。在每年情人節和母親生日時，父親都會開車到長青購物中心購買時髦的服飾，然後把包裝好還打上蝴蝶結的禮物送給母親。我明白他們通常過得很快樂，但是我常看長篇電視劇《我的孩子們》（*All My Children*），被劇中主角艾瑞卡・凱恩（Erica Kane）反覆無常的傳奇戀情深深吸引，以致覺得自己父母的婚姻生活似乎過於安靜，而且有點無趣。我嚮往恍如夢境的婚姻和家庭生活，就像我小時候和朋友玩芭比娃娃與肯尼時，想像的那種迷人的浪漫故事。然而，經由觀察我的祖父母，我也知道，婚姻並非總是幸福圓滿。遠在我出生之前，我母親的父母就已勞燕分飛，而且就我所知，他們此後形同陌路。我父親的父母在他童年時泰半分居，不過後來令人意外地破鏡重圓。

如今我身邊隨處可見的各種事例一再顯示，光鮮而且平順的長期關係極為罕見。我母親仍會講述她和我父親第一次大聲爭吵的情景，那發生在一九六〇年，當時她二十三歲、他二十五歲，兩人剛辦完婚禮不久。在短暫的蜜月旅行後，他們首度搬進新居同住，然後驟然體會到彼此的生活習慣和處世方法迥然不同。他們第一次吵架是出於什麼事情？並不是為了錢，也和生育小孩或當時世上發生的任何事情無關。而是爭執廁所捲筒式衛生紙該怎麼放到紙架上——垂下的部分應當朝向前方還是落在後方。

我爸一家人習於「朝內放」，我媽則成長於「朝外放」的家庭，於是他們至少在一段期間為此大吵不已，又不得其解。由於掛法只能二選一，他們其中一人理當讓步、接受另一造的方式。這類爭論看似不足掛齒，然而從諸多事例看來，其背後的原因並非微不足道。當你與他人共同生活時，你突然必須正視——而且常會被要求去調適——對方家庭的生活史與行為模式。在這個一九六〇年衛生紙大爭議案例中，我的母親最終認定，對任何人來說，為此而爭吵未免過於愚蠢，於是放棄了她堅持的立場。她單純地選擇放手不管。從此，我們一家人在捲筒衛生紙「朝內放」的情況下平靜地生活。至少在我和兄長克雷格成年並找到各自的伴侶之前，未曾再發生這種爭議（巴拉克家是「朝外派」，而且迄今仍維持不變）。婚姻就是像這樣充滿了利害關係或大或小的各式協商談判。

在《成為這樣的我》裡，我描述了儘管雙親婚姻關係本質上大致穩定，母親還是考慮過和我父親分離的可能性。她時常做這樣的思考練習，想像一旦選擇從歐幾里得大道的家出走，並且在其他地方跟另一個男人找到別樣的共同生活方式，之後可能會有何種發展。如果她玩摺紙算命遊戲得出不同的預測，會發生什麼事情？假如她最終與百萬富翁，或是來自南方的神祕男士，或中學時認識的某個男孩成為伴侶，又會如何？

她通常在熬過冰天雪地、泰半時光瑟縮在窄仄小屋裡的寒冷黑暗冬季過後，於春季期間想像這些事情。在那個時節，不一樣的想法會帶來非常爽快的感受。這種迥異的感受，如同在天氣終於足夠暖和後，再度打開窗戶時進入屋裡的清新空氣。那是一種引人入勝的遐想，在她的腦海裡，母親做著正在度蜜月的白日夢。然後，她會想像來自南方的神祕男子，將為她的人生帶來什麼樣的磨難，中學時認識的男孩會有他自己的種種困境，而且任何百萬富翁無疑也都有諸多難題，於是她釋懷暢笑。

接著，她的蜜月幻想將會結束，她會回歸現實生活，回到我父親身邊。

依我之見，這是她默默地使內心煥然一新的方式，她從而想起所擁有的體面且充滿了愛的家庭，以及自己留下來的理由。

如果你選擇跟另一個人努力共創人生，你將活在那個抉擇之中。你將發現自己理當一再地選擇留下，而非逃開。領悟一個道理會很有幫助。假如你進入彼此承諾的關係時做好了謙遜自持的準備，而且樂意接受、甚至享受這種中間狀態：可能在一場對話中，抑或長達數年裡擺盪於美好和糟透的兩極之間。幾乎可以確定，你在那個抉擇和那些歲月裡將看清，沒有平均分攤以達成平衡這回事。實情將像是不斷撥來撥去的算盤——很難算得清清楚楚。這個方程式永遠無解。關係始終是動態的，充滿了各種變化，而且總是不斷地發展。你們絕對不會覺得諸事公平，彼此地位平等。某一方將始終處於調整自己的狀態。某個人將總是犧牲自己。一方占了上風時，另一方將屈居下風；一方可能承受較大的財務壓力，另一方則須負責照顧家人和承擔各種家庭義務。種種抉擇無庸置疑會有相應的壓力。不過，我逐漸領悟到，人生是在四季變化之中發生的。來自愛情、家庭和職涯各方面的成就感，鮮少有人一次全都獲得。在強固的關係之中，雙方會輪流採取妥協行動，以便一同在中間地帶建立起共享的家的感覺。

不論你多麼熱烈和深刻地愛著對方，你將必須面對伴侶的種種不足之處。你將被要求忽略對方所有惱人的小毛病，以及忍受至少某些重大缺點，來維護愛情和關係穩定、以求超越所有的逆境和難免的紛擾。你應當時時這麼做，而且要盡可能帶著體恤之心。你的伴侶理當具有相應的能力和意願，並且向你展現對等的寬容——任憑你有各種包袱、不管你看來如何，或是在最糟的情況下會有什麼行為，依然愛你如昔。

認真想一想，這是瘋狂而且須突破萬難的事情。它也不是始終行得通（這**不應**總是管用：假如你正在親密關係中遭受傷害，那麼你理應適時結束關係）。然而，當行之有效時，你會覺得宛如經歷了確確實實的奇蹟，說到底，這就是愛。這就是一切的重點。任何長期關係真的都是不屈不撓的信念的具體表現。

巴拉克和我承諾共同生活，並不是因為我們有某些確立無疑的保障。我實在無法預料可能發生的任何事情。我們當時在財務上還沒有安全感；我們都還有多年的學貸要償還。在任何方面都沒有我們可以預見的結果。事實上，當我嫁給巴拉克時，確知他始終會——可預料地！——選擇較不確定的道路來實現自我。我料到他會拒絕任何正規的道路，以及任何過於容易的事物。他投身於多種工作，卻不接受舒適的企業職位，只因他想要寫書、教課以及持守自己的價值觀。我們都沒有富裕的家世背景。我們很快就體會到甚至於生養小孩都是個問題，從而展開了歷時多年對抗不孕的奮鬥過程。然後，巴拉克還開啟了如同狂野的飛車之旅的政治生涯。

我們攜手經歷所有的混亂局面，並且確信唯有團結一心，才能更好地應對一切。

我很早就領悟到，伴侶不能解決你的種種問題，或是滿足你的諸多需求。每個人都有自己的存在方式；你不能迫使他人變成他們不想成為的人，或是他們從未想要仿效的那種人。我想要的伴侶是依循自己的價值觀、不受我的愛支配的人。我企求的是真誠且忠實的夥伴，因為他會珍視真誠與忠實。

如今我囑咐兩個女兒：不要因為某人可以養家活口、照顧妳、成為妳的小孩的家長，或是解決妳的問題，就和對方共組家庭。依據我的閱歷，這樣很難獲得良好的結果。妳的目標應是找到一位與妳一同奮鬥的人，而不是在方方面面、用一切方式為妳打拚的人。如果某人只想要扮演一種角色，並且宣稱「我負責賺錢，所以別期望我為小孩換尿布」，那麼我建議妳快逃吧。我還告訴女兒們，一對成功的伴侶就像是一支所向無敵的籃球隊，只不過它是由靈活的、具備種種充分發展的通用技能的兩個個人組成。他們除了要知道如何射籃，還要懂得怎麼運球、傳球和防守。

這並非意味著雙方沒有必須相輔相成的差異或弱點，而是表示兩人理當同心協力、面面俱到，並應時時隨機應變。夥伴關係實際上不會改變你的本質，縱使它激發你去迎合對方的需求。就像巴拉克在與我相遇三十年後並無太多轉變，而我也沒有多大變化。我依然是當年首次和他握手時那個理智且努力奮鬥的人，他也仍是全方位思考、充滿書卷氣的樂觀派。

改變的是我們兩人之間的中間地帶，那裡有著我們為了親近對方而做出的無數微小調適、妥協和犧牲，那是經歷了數十年的鍛鍊和考驗的、我們兩人共同能量的混合體。我們隨著歲月流逝，使初識那天兩人微妙的心動、相互握手和開始交談時在彼此心中埋下的好奇種子，發展並茁壯成為堅定不移的關係。我們之間仍在進行的對話，以及我們共同生活的家，都是持續不斷的奇蹟。我們都依然如故，只是如今雙方有了真正透徹的相互了解。

我始終努力使人越過巴拉克和我流光溢彩的生活面向，以便進一步看清我們的真實人生樣貌。我慎重地致力於打破種種迷思，當中包括認為我先生是完美男性、我們的婚姻盡善盡美的想法，和以為愛大致上是任何一種輕鬆嘗試的心態。我曾經提筆描述過，巴拉克跟我亟需而且接受過婚姻諮商。那時我們的孩子還小而且兩人都感到筋疲力盡，變得容易動怒，也開始疏遠對方。每當我再也受不了我的丈夫時，我總是開玩笑說，我想要把他推出窗外。現今我仍時常因他而心生小小的怨憤，而且這種情形可能永無止境。真實的親密關係難免使人惱火。然而，我們始終不離不棄。

我經常不加修飾地公開談論我和巴拉克的事情，然而，有些人似乎寧願只看表象。《紐約時報》一位專欄作家曾經嚴厲地指責我，不該一再探討巴拉克不是神的事實。然而，我的夫婿就只是個凡人，他有時會把襪子遺忘在地板上，或是忘記將花生醬放回冰箱裡。我個人對此的感觸依然沒變，而且我相信人們大體上都認同：當我們隱匿真相時，受到傷害的只會是我們自己。

我的友伴，我將稱她為卡麗莎（Carissa），在最近逾一年期間始終不願面對她與約會對象的諸多實情。現年三十多歲、美麗的卡麗莎是擁有自己事業的非洲裔美國女性。她有許多朋友，而且不論用哪種標準衡量，她都是一位成功人士。只不過，她不喜歡單身生活。她想要有伴侶，也期望有朝一日能養育小孩。她透過網路結識了一個男人，而且很喜歡他。他們開始交往，相偕前往加勒比海地區享受一趟旋風之旅，共度了一段歡樂時光。回國後，他們各自忙於工作和陪伴友人，也仍持續約會見面。依照卡麗莎的說法，兩人都「順其自然」。

直到後來，卡麗莎才充分領悟到，她和這個男人基本上一再地重複著初次約會的狀態，雙方都抗拒任何進一步發展感情的念頭。他們受困於一切隨緣的情境裡，雖然彼此玩得開心，卻從未冒險去做諸如拌嘴、試探對方心意這種單純卻可能使彼此敞開心胸、促成後續發展的事情。順其自然理應意味著放輕鬆。交往不應講求手腕或是造成對方不愉快。只不過，「實情」始終會浮現。它將透過某種方式向你揭露。

兩人在一起逾一年後，卡麗莎邀請他和自己的一位親密女性友人，於某日晚間到她的公寓共享晚餐，並且首次介紹他們相互認識。在用膳時，她看著生性開朗的女性朋友天真地對他提出許多嚴肅問題，於是她前所未知的各種新資訊幾乎層次分明地一一透露出來。結果她得知，他和他的父親長期關係不睦，小時候覺得沒有受到關愛。他在過去的男女關係裡很難全心投入。

這些都不必然會成為問題。卡麗莎只是新獲知關於這個男人的一些事情。她了解到自己一直太過害怕，而沒有去探索它們。她從未詢問太多關於他的事情，他也未曾深入或實質地探詢她的任何事情。他們已經持續交往數個月，卻總是避免親密的情感交流，他們都努力使自己不致受到傷害。卡麗莎說服自己，「順其自然」是好事，即使這有違她自己的人生目標。她甚至不知道對方是否確實想要聽其自然。他們實際上從未深入討論過此事。而且即使要開始探討似乎也為時已晚。這就像是他們一年間只吃甜點而未曾一起用過正餐。

卡麗莎逐漸看清，她把自己隱藏在表象之下，假裝自己並不嚮往更多或是更好，還認為光是跟對方共度歲月，也算是某種關係進展。

當他們終究分手之後，卡麗莎告訴我，她阻止自己顯露太多好奇心或要求對方做出承諾，是因為她相信這會使自己看來像是「難搞」、不酷的人。她對於職涯頗有抱負，對日常生活的細節也一絲不苟，然而，她覺得在跟男人交往上，這些會對自己不利。

卡麗莎不想讓人覺得她戮力維繫關係，她擔心這會使男人有所顧慮。結果，她最終發現自己因此幾乎不了解對方。

她說，「我不要讓自己看似渴望或需要許多關懷，我只是努力故作瀟灑。」然而，假裝若無其事終究使得她——使得他們——不能有所進展。

我曾跟寧可一切隨緣、裝酷的年輕人交談。他們對於真誠和展現自身脆弱是真正親密關係的支柱這一事實總是避而不談。他們沒能領會，即使是在仰賴跳蚤市場的人生階段，也應給予親密關係深入發展和直面真實的空間。二十多歲的人花時間交往，卻不做出基本的承諾和進行良好的溝通，不能彼此分享真實的感情和揭露自身實質的脆弱性。他們無異於吃了一堆無助於長肌肉的糖果。於是，當認真以對的時機來臨時，當他們開始想像家庭生活和更穩定的關係存在時，往往突然慌亂地初次意識到自己需要那些技能，並且逐漸明白，順其自然或故作瀟灑幾乎無助於維持長久的關係。

巴拉克能夠立即脫穎而出的原因在於，他對順其自然不感興趣。他的直率最初甚至令我感到有些驚訝。在我們相識之前，我曾經和一些不太有自信也不很清楚自己想要什麼的男人約會。我的交往對象有一兩個長相好看、讓我期待能陪在身邊的人，但他們經常一邊提防著我，一邊小心翼翼地觀察還可以跟什麼人建立進一步的連結。我像大家一樣，從早年的戀情學到了教訓：我被欺騙過好幾次。那是在我依賴跳蚤市場的人生階段，當時我正嘗試多種不同的生活方式、為未來預做準備。我對初期的感情關係猶豫不決、難以投入。我那時不斷學習，試著想清楚自己是什麼樣的人，力圖理解自身的種種需求和渴望。

相較於我先前認識的人，巴拉克顯得與眾不同。他直來直往而且很清楚自己想要什麼——至少，對我來說，他的篤定實在非比尋常。如果我先前沒有與人交往的經驗，有可能難以意識到他有多麼不同凡響。

在我們初識幾周、一起於工作場合用過幾次餐之後，他就對我說，「我喜歡妳，我認為我們應當開始約會。我很想與妳攜手出遊。」

即使我擔心辦公室戀情是否得體、對於他有增無減的吸引力舉棋不定，巴拉克依舊泰然自若而且默默地堅持不懈，這使我相信我們可以成為一對好搭檔。他給予我思考空間，但是也持續表明對我深感興趣、喜愛和我在一起、想要更多。他當時用多年後入主白宮時仍維持不變的觀點，宛若逐條列舉要點那樣、有理有據地對我指出：

第一點，他認為我聰明又美麗。

第二點，他確信我也喜愛和他說話。

第三點，這幾乎不算是辦公室戀情，畢竟他只是暑期打工。

第四點，我是他唯一想要共度時光的人。而且他在大約八周後就要返回法學院，我們能相處的時間實在不多。

所以，說實話，我有什麼理由拒絕他呢？

巴拉克談戀愛不會使出標準的欲擒故縱招數。他沒興趣玩花招，寧願省略猜測對方心意的部分。他把感情的事攤到檯面上，彷彿是表明，**這是我對你的興趣**。**這是我對你的尊重**。**這是**

我的出發點。我們只能從這裡往前走。

我必須承認，他這種兼具坦率和確信的方式，既令人愉悅又使人耳目一新，同時也很迷人。

他的確信無疑成為我們的關係基礎。我先前從未和任何像他這麼有心、毫無疑慮、全然無意故作瀟灑的人約會。他詢問關於我的感情、想法、家人的種種問題；他回答我對他的各項提問。和他在一起，我可以渴求他分享故事、情感和支持，而且不會有所疑慮，因為他對我也有同樣的渴望。我們兩人一點都不會故弄玄虛。我感到全新的世界正逐步為我開啟。我們的相互探索有助於我抹去自我意識。那些浪費精力思忖約會對象會不會回電話的日子已成過眼雲煙。昔日我會帶到派對上或帶回寢室，或在深入談論人生所求時總是會有的不安全感已經煙消雲散。我的內心突然變得更加強大。我感到自己受人喜愛。我覺得自己獲得尊重。我感受到自己被人看見了。

我們那時墜入情網了嗎？要這麼說還為時過早。但是，我們狂熱且深深地彼此感到好奇。從夏季開始，熱切的探索欲驅使著我們，直到秋季巴拉克返回東岸的法學院，然後我再度鑽研法律工作。不過，我逐漸有了一些轉變，感覺像是某種新開關被開啟了。這個男人和他的好奇心為我的世界增添了亮光。

我們展開關係數個月後，巴拉克邀請我於耶誕節期間造訪他位於檀香山的老家，去看看他成長的地方。我立刻答應了。我還未曾去過夏威夷。我甚至沒想過到夏威夷度假。我對那裡的唯一概念和大眾媒體的幻想一樣，充滿了烏克麗麗（ukuleles）、提基火炬（tiki torches）、草裙和椰子。我有關夏威夷的印象主要源於《脫線家族》（*Brady Bunch*）一九七二年三集的歐胡島之旅，影集裡葛瑞格（Greg）享受著衝浪、珍（Jan）和瑪夏（Marcia）穿著比基尼泳裝、愛麗絲（Alice）在學習草裙舞時閃到腰。

這類刻板印象被我融入了關於夏威夷耶誕節假期的想像之中。當時巴拉克與我新建立的關係仍處於夢幻階段，因此我們覺得事事恰到好處。我們還不曾吵過架。雙方互通電話時，我多半感到甜蜜和愉悅，而且彼此的對話洋溢著某種程度的渴望。結束通話時，我確信夏威夷肯定是兩人一起度假的最完美地點。當耶誕假期即將來臨之際，芝加哥日漸寒冷徹骨，日落時間也逐日提前。我在天還沒亮就出門上班，下班回到家早已夜幕低垂。而我內心時時想著自己即將迎向溫暖的和風與隨風飄揚的棕櫚樹、在海灘小睡片刻、於傍晚時品嘗邁泰雞尾酒（mai tais）、悠閒地沉浸於愛河、懶洋洋地度過假日時光。

在十二月底某天下午，我們搭乘的飛機抵達歐胡島上空。透過飛機窗口，歐胡島看來如同我的想像一般如夢似幻。現實與幻想近乎完美地疊合在一起。當飛機於檀香山上方盤旋時，我的身邊坐著巴拉克，而下方就是天堂。我見到波光粼粼的太平洋、綠意盎然的火山群，和曲線優美的白色威基基海灘。眼前的一切令我感到難以置信。

我們從機場搭計程車前往南貝瑞塔尼亞街（South Beretania Street）的公寓大廈，那裡是巴拉克十多歲時與外祖父母一同居住的地方。在那個時期，他的母親泰半於印尼從事人類學田野調查工作。我記得自己在車程中對於檀香山的龐大和都市化深感意外，它跟同樣濱海的芝加哥並無不同。城裡有高速公路、交通繁忙、摩天大樓林立，一點也不像我在《脫線家族》影集裡看到的景象，也與我的想像大相逕庭。對此種種，我的大腦如同電腦處理資料那樣，狂熱地悉數吸收。時年二十五歲的我，在熟悉卻尚未全盤了解的男人陪同下，首度親歷這個城市，力圖理解這一切的意義。我們乘車經過一系列櫛比鱗次的高聳公寓大樓，看到許多陽台上散置著腳踏車和盆栽、曬衣繩上掛著在陽光下逐漸晾乾的衣物。我記得自己心裡想著，噢，是的，這就是真實的人生。

巴拉克外祖父母的家雖然不大，但位於高樓層建築。它是現代的塊狀鋼筋混凝土建物。街道對面有一座附有廣大翠綠草坪的歷史悠久教堂。在旅行了數個小時之後，我們於潮濕的空氣中帶著行李沿大樓戶外走廊行進，然後搭乘電梯上十樓，最後終於來到巴拉克外祖父母家門口。這個家曾是巴拉克住得最久的地方。

我於幾分鐘內見到了這一家人：巴拉克的母親、外祖父母、當時十九歲的妹妹瑪亞（Maya）（大約一年後，我會見了巴拉克肯亞籍生父的家人，包括同父異母姊姊奧瑪

〔Auma〕，她和巴拉克後來格外親近）。他們對我很友善也極感興趣，最重要的是，他們看來都因巴拉克回來而滿心喜悅——他們稱他為「巴兒」（巴瑞〔Barry〕的簡稱，讀法與Bear〔熊〕相同）。

在接下來十天期間，我漸漸對檀香山有了一些認識，而且對巴拉克的家人有了更多了解。巴拉克和我落腳於瑪雅的朋友擁有的公寓後方的房間。每天早晨，我們攜手散步到南貝瑞塔尼亞的公寓大樓，在巴拉克外祖父母家逗留數個小時，與大家一邊聊天一邊玩拼圖，或是坐在室外俯看對街教堂的小陽台上納涼。這處公寓簡潔又舒適，裝飾上混合了印尼蠟染和美國中西部小飾品，使我回想起自己祖父母在芝加哥的老公寓。見到巴拉克的家人，我最初領會的一件事是他和我一樣成長於平凡的環境。巴拉克外祖父母家的廚房屬於狹長型，擺不下餐桌，因此我們使用客廳的托盤桌用餐。巴拉克的外祖母為我們做了抹上法式芥末醬、夾著甜酸醃黃瓜的鮪魚三明治，吃起來很像我在歐幾里得大道家裡嘗過的滋味。

我此時已更加明白，巴拉克和我有不同之處，也有相似的地方。從他和家人離別一整年後再度團聚，我領會到當中熟悉和不熟悉的那些空間。

巴拉克與他母親熱切地漫談地緣政治和世界的現狀，這是他們重新連結彼此的方式。他的外祖父母則喜愛說說笑笑。外祖母昔日長年肩負著支撐整個家庭的大部分責任，甫於數年前從銀行退休。她愛玩紙牌遊戲，但因長期為背痛所苦，脾氣有些不好。我看得出來，她是直截了當的人。瑪亞開朗又可愛，她對我說了在紐約念大學第一年的許多故事，還尋求巴拉克提供選課方面的建議。

對我來說，他們一家五口就如同分布在天際的星群，他們每個人與其他家人之間有著固定的排列組合方式，當中的空間呈現全然獨特的五角形。這個家族跨越海洋和大陸過著怡然自得的生活。他們五個人擁有三個不同的姓氏。巴拉克和瑪亞有不同的生父，而且屬於南轅北轍的兩種文化。他們的母親安（Ann）來自堪薩斯州保守的、對選擇不同道路持頑固抗拒立場的白人家庭，但她非常理智而且獨立自主。我看見巴拉克在散發光芒的家人間找到自己的位置。他承續了母親的反抗精神、外祖母的節約和深切的責任感，以及外祖父別開生面的想法。雖然巴拉克的父親在他的人生中近乎缺席，但他仍遺留給了巴拉克對智識和紀律的高標準。

巴拉克的家人時常相互擁抱，這和我的家人大相逕庭。他們時常說「我愛你」，幾乎使我感到不自在。對我來說，這種公開宣示親密感的方式是全新的體驗。在某些方面，這有助於解釋巴拉克在感情上為何如此直來直往而令人耳目一新。他的家人的話語總是流露出感情，而我的家人不會用這種方式說話。我逐漸明白，這可能是因為巴拉克的家人長年依靠對話、藉由郵件往返和互通長途電話來保持彼此親近。他們在空中傳達對家人的愛，而愛意越是被強調便回響得越加長久。他們相互擁抱、熱切地交談、持續數小時專注地協力拼圖，也都是相同的道理。他們清楚彼此只有十天的團聚時間，於是把一年份的愛傾注給每個家人。每回他們重聚後，總是要等數個月才能再會。

我的家族則是有著截然不同排列組合方式的星座。我的每個家人不僅都在芝加哥扎根，而且全部居住在南區相對鄰近的範圍內。我們是分布較不廣闊而較為密集的星群。每個家人住處之間的距離或多或少不超過十五分鐘車程，即使當我成為年輕的專業工作者時，實際上仍住在歐幾里得大道父母家二樓，而且每逢星期天會和兄長跟一些堂兄弟姊妹，一起享用通心粉和肋排。我的家人不習慣說「我愛你」，也不擅長表達各種感情。我們只會聳聳肩然後說「好的，下個星期天再見」，而且心裡徹底明白屆時大家都會現身。這個模式機械式地而且穩穩當當地不斷重複著。對於我的家族來說，這種一致性就是愛的表現。

巴拉克和我在接下來的歲月裡理當化解種種差異——主要經由反覆嘗試錯誤的方式——我們相互競爭且時而彼此衝突的關於承諾的想法、我們家族星座的相對定位，以及我們互異的應對一切不確定事物的能力。我厭惡他在必須現身的場合遲到或是漫不經心。他埋怨我使他身邊擠滿人群，或是太常擬定牽涉到許多人的計畫。我們努力敉平了哪些間隙？我們在哪些方面只是單純地承認差異並且順其自然？誰做出了調整或是力圖忘卻已知的差別？

我花了一些時間、做了不少練習，才摸清楚如何逐步調和我們的分歧。巴拉克具有當場解決問題的能力。他喜好明快處理難題，當我們的關係浮現問題時，他會當機立斷努力跟我協商。他在情感方面傾向於講求實際成效，這可能是因為他的家人力圖在每年十天左右的團聚時間裡，彼此付出最多的愛。有時他想盡快通過艱難的考驗，於是動用了全套的理性洞察能力，亟欲突破爭執的僵局，推展到溫情和解的階段。就像孩童時期那樣，他行事注重效益，渴望有辦法解決問題。他必須打理好一切。

相較之下，我比他更講求掌控全局和貫徹自己的意志，而且做事慢得多。我會因為受到刺激而情緒失控，然後必須設法使自己逐步回復理智，這或許是我兒時受到有充裕時間的家人鼓勵、不吐不快的一個副作用。有時在爭執爆發之初，我的大腦就失去理智，這時我最不樂見的就是條理分明地爭辯誰是誰非，或是爭論解決問題的方案。當我覺得自己被逼到走投無路時，甚至會說一些愚蠢而且傷人的話。我難免會迫使巴拉克立即尋求對話，而有時他很快就會被我的怒火灼傷。

我們必須學習如何克服。我們理當練習怎麼回應對方，而應對方法應同時考慮到雙方的生活史、互異的各種需求跟存在方式。巴拉克已想清楚如何給我更多的時間和空間來使我自己冷靜下來，以及慢慢地處理好自己的情緒，因為他知道我在成長過程裡享有那樣的空間和時間。我也學會了如何更有效率和盡可能不傷害彼此地處理事情。我力求不讓問題拖延過久，因為我知道他的家人教導他不要延宕而致事態惡化。

我們發現，並沒有所謂正確或錯誤的通過考驗的方法。我們沒有一套嚴格的據以待人處事的夥伴關係原則。作為兩個個性極為鮮明的人，我們只能日復一日、年復一年，在彼此努力更了解對方一些的情況下，藉由爭取、讓步和深切的耐性來解決問題。比起話語，我更看重對方在場陪伴。我珍視守時、投入、慣例和規律——這些在他成長的家庭裡則比較不受重視。巴拉克注重思考空間、抗拒任何形式的體制的能力、輕鬆過日子和具備高度的靈活性——這些在我成長的家庭裡則比較不重要。而有助於我們調和差異的方法是說出我們的感受、把彼此的歧異放在個人生活史的脈絡中思考，以及不歸咎於當前的處境。

在那個耶誕節假期，巴拉克和我每天下午離開他外祖父母的公寓，散步到數英里外威基基海灘較為寧靜的區域，途中我們會在便利商店停留一下，購買一些零食。我們會在海邊找一處空地，然後攤開一張藤蓆、擺放在沙灘上。這時我終於感到我們遠離了工作和家庭，全然享受著兩人獨處的度假時光。我們到海裡游泳，然後躺在藤蓆上讓陽光曬乾身體，並且暢談數個小時，直到巴拉克站起來用毛巾拭去身上的海砂並說道，「好，我們得回去了。」

我心中有點沮喪地想著，**噢，好吧**。**這是現實的生活**。

實際上，我當時只憧憬著夢幻版本的夏威夷生活。與其費力地走數英里回到南貝瑞塔尼亞，與他的外祖父母邊看電視晚間新聞、邊吃簡便的晚餐，與其看著巴拉克熬夜幫瑪雅構思學費支付計畫，或是跟他的母親談論她始終進度落後的、關於印尼鄉下手工鍛造業的博士論文，我寧願和巴拉克放下一切義務，兩人一同於柔和的傍晚氛圍裡，坐在附近餐廳的露台上啜飲邁泰雞尾酒，邊看著太平洋上空的天色從粉紅轉為紫色，然後成為一片漆黑。我寧願最終輕飄飄地來到一處飯店頂層的蜜月套房。這才是我在芝加哥的辦公室呈交假單時夢想的珍貴的夏威夷假期。當巴拉克捲收藤蓆、帶我踏上漫長歸途時，我努力不讓自己噘著嘴說出這些想望。

當時還年輕的我腦海中有一份資產負債表——裡頭有我的種種收穫，還有我所犧牲的一切。雖然那時我仍不清楚什麼才是真正珍貴的東西，還在努力拼湊著未來生活所需、摸索著能夠確實使心火歷久不衰的事物。

我現在可以告訴你，那並不是邁泰雞尾酒或是蜜月套房，也不是異國他鄉的日落美景，或是引人注目的婚禮，或是持續在世界舞台發光發熱。全然不是這些事情。

我花了一些時間才領悟到巴拉克一家人向我展現了什麼。我不是於某個傍晚坐在他們南貝瑞塔尼亞街的高樓層小公寓時頓悟，而是接連十天晚間待在那裡才全盤了解，所見的一切終將成為我個人資產負債表裡的一份收穫。巴拉克堅決地把自己奉獻給他的家族，他在假期裡每天早晨和夜晚回到家人身旁，因為他明白要等一年才能再回來。這是他個人版本的恆久不變、他擁有的那一片天地的安排方式。後來，當我們一起生活時，我體認到，即使巴拉克與他的家人分隔兩地，他依然是其家族的核心，他擔負起母親的兩任丈夫未曾扮演過的角色，用心地給予安和瑪雅建議，幫她們應對各方面的危機，在任何時候她們遇上困難時，透過電話協助她們解決問題。

我見到的這一切事實，最終在我們的婚姻面臨最艱難的考驗時——在我們的兩個女兒依然年幼，而巴拉克投身政治工作每周三或四個晚上不在家那段期間——將對我們有所助益。我是在截然不同的恆常不變與親密的環境裡成長，這意味著巴拉克不在身邊時，我會感到脆弱無助、徬徨不安，有點被遺棄的感覺。我擔心我們之間會有隔閡，而這可能演變成終究難以彌補的鴻溝。

然而，當我們能夠商談這些事情時，尤其是在諮商師的協助之下，我們得以維持先前建立起來的互動平台。我們相互熟悉對方的故事。這有助於我們了解，只要對隔閡保持警醒就能克服彼此的間隙。我明白巴拉克對距離已習以為常，縱使我對此還難以適應。他甚至清楚如何在相隔兩地的情況下付出愛。他別無選擇，一生只能不斷地學習適應。無論如何，女兒們和我將在他的世界裡保有核心的地位。我永遠不會被他遺棄。在我們第一次度假之旅，他已經向我明示了這一切。

當我們首次共度耶誕和新年假期時，我見到巴拉克每晚在檀香山外祖父母家清洗和擦拭餐盤、跟他的外祖父一起玩填字遊戲、為他的妹妹推薦書籍、仔細檢閱他母親的財務報告以確認她的錢沒有被騙走。他聚精會神、不厭其煩地陪在家人身旁。在一天結束、碗盤都已洗好、與家人話盡家常、大家都有了睡意時，他才會離開。

縱使我自顧著憧憬蜜月套房、盼望巴拉克對我全神貫注，但是他讓我看清了現實，使我明白如果我們選擇共度餘生，將迎來什麼樣的未來。我們並未漫不經心，我們沒有順其自然。我開始領略到，我們不會只是彼此人生的過客。

這是我們的關係確認無疑的開端，它發生於一個深夜，當時我們正從十樓公寓搭電梯下樓。在檀香山那個滿天星斗的清爽夜晚，我伸手握住他的手，然後豁然領悟到我已找到了家。

如今，巴拉克和我每年同返夏威夷。我們通常於耶誕節期間回去，並且在那裡與我們已成年、新找到住處、開始自己生活的女兒們會面。我們跟巴拉克妹妹瑪雅一家人團聚，也一起拜訪他中學時期的舊友，並且接待一些來自美國本土的友人。在首次到歐胡島旅行三十多年之後，我從飛機窗口見到迎風飄揚的棕櫚樹時已不再屏氣凝神，也不再對威基基東南方如宏偉堡壘的翠綠鑽石頭（Diamond Head）火山目瞪口呆。

現今，我感受到的是熟悉所帶來的愉快心情。我以年輕時絕對無法想像的方式，找到自己在這裡的定位。雖然我仍然只是一位訪客，但是由於我們定期回歸且全心投入，我就像引領我來到此地的巴拉克那樣，對這裡已經熟門熟路。我熟知從機場到北海岸的高速公路所有的彎道。我清楚哪裡能吃到美味的夏威夷刨冰和韓式烤肉。我聞得到空氣中緬梔花的香氣，能認出鬼蝠魟翩翩游過淺灘時的水下暗影。我對恐龍灣的寧靜水域已瞭如指掌，還曾在此首次教導兩個小女兒學習游泳。我也對海風蕭蕭的拉奈島懸崖瞭望台知之甚稔。巴拉克將他摯愛的母親和外祖母的骨灰撒於此地，而且時常到這裡來緬懷她們。

數年前，我跟巴拉克曾特地到檀香山旅行、慶祝我們的結婚紀念日。他還在城外安排了帶給我驚喜的晚餐。他事先在一家海邊飯店租下頂層陽台一處私密空間，而且請來一個小型樂隊為我們演奏樂曲。

我們站著欣賞了一會兒那裡的景觀。那時黃昏初至，我們還能看見整個威基基海灘區，有一些衝浪玩家懶洋洋地趴在衝浪板上，等待著完美的浪頭。還有一些老人在飯店附近的公園下西洋棋。我們於年度耶誕假期時常帶女兒們去逛的動物園，跟熙來攘往的卡拉卡瓦大道（Kalakaua Avenue）都盡收眼底。我們常在晚間帶著兩個女兒沿著這條大道一邊散步，一邊欣賞雜耍家和其他街頭藝人表演。我們有了足夠的錢、不需巴拉克家人幫忙借房間後，曾經下榻的各家飯店也歷歷在目。如今我們一起回到夏威夷，回味著往日在此共度的時光。這是個重返原點的時刻。

我昔日關於夏威夷之旅的天真夢想最終如願以償。我和心愛的巴拉克兩人站在飯店頂樓觀賞著日落美景，然後我們坐下來點了幾杯馬丁尼雞尾酒。我們談了一會關於他家人的事，回想起我們首度一起造訪南貝瑞塔尼亞街時，兩人多麼年輕——如今回首前塵，似乎當時我們對彼此幾乎一無所知。我們憶及當年的藤蓆和往返他外祖父母家與威基基海灘的漫長散步。我們放聲大笑，兩人都承認那是一段步履艱難的長途跋涉。然後，我們一起舉杯輕碰，並且望向逐漸轉為粉紅色的天空。

▲我的母親是我們所有家人的支柱。

第7章　我的母親

在巴拉克當選總統之後，有消息指出當時七十一歲的我的母親瑪麗安．羅賓森（Marian Robinson）打算搬進白宮與我們同住。據稱她可以幫忙照顧那時七歲和十歲的莎夏和瑪莉亞，至少直到她們安頓下來。她會確保每個人都適應良好，然後搬回芝加哥老家。媒體看來立刻被這個想法吸引，紛紛要求我的母親接受採訪，並且刊出了一系列故事，還給她冠上「第一外婆」、「外祖母統帥」等稱號。感覺就像是一部影集增添了一個嶄新的、令人興奮期待的角色。我的母親突然登上了新聞版面。她**就是**新聞。

無論如何，如果你曾經見過我的母親，便會明白她最不想要的就是成為家喻戶曉的人。她同意接受一些採訪，是因為她估計這是更大格局的過渡階段的一部分。她還一再表示，對於有人在意她的想法感到驚訝。

我的母親自認不是出類拔萃的人。她也常說，我和哥哥沒有不同凡響之處，而她還是深愛著我們。我們就是兩個受到充分關愛、好運連連的孩子，並且碰巧都因而發展良好。她努力提醒大家，芝加哥南區的鄰里隨處可見「小蜜雪兒跟小克雷格」。在每間學校、每個街區，到處都有這樣的孩子，只是他們絕大多數被忽略和低估了，以至於他們的潛能泰半沒被識別出來。

這可能是我母親更宏觀的哲學的基本要點：「所有孩子都是重要的孩子。」

現年八十五歲的母親舉止沉穩而且閒逸優雅。魅力和端莊對於她毫無意義。她洞悉事理，相信所有人都應受到同等對待。我見到她不論是跟教宗或是郵差談話，都同樣溫文爾雅、鎮定自若。倘若有人向她提問，她會超然地用直截了當的話語回應，而且她的回答從來不會迎合特定聽眾。這是關於我母親的另一件事：她堅信不可捏造事實。

這意味著，在我們過渡到白宮生活期間，記者於任何時候詢問我母親，她都會坦率地應答、不會刻意淡化她的想法，或依照緊張兮兮的新聞幕僚提供的談話重點受訪。我們馬上體會到，她對媒體實話實說，而且會讓事情有個了結。

她就是以這樣的方式登上國內新聞版面。她就是這樣率直地講述自己如何從寧靜的歐幾里得大道家裡，被子女強拉硬拖到全美最知名地點生活。

我母親並非不懂得親切；她只是講求實際。她在這件事情上對記者陳述的方式，跟她向我表達的方式並無二致（就如同她對郵差和教宗說相同的話那樣）。她沒有到華府生活的意願，但是我竭盡所能懇求她。當懇求無效後，我找來克雷格幫我進一步對她施壓。我媽是家族的基石。她是我們所有家人的支柱。從我的女兒們還是嬰兒時開始，她總是在定期托兒安排以外的時間、在巴拉克跟我臨時有事和偶爾轉職而手忙腳亂時、在我們工作繁重和兩個小孩課後活動日益繁多時，對我們伸出援手。

所以，是的，對於讓她來白宮生活，我確實有點強求。

問題在於，她對老家的生活很滿意。她已於不久前退休。她喜愛在自己的空間裡自在過活，大體上對變化不感興趣。她的全部家當都在歐幾里得大道住處。那裡有她睡了三十多年的床。她覺得白宮太像博物館、幾乎不像是一個家（沒錯，她當然直接對記者說出了這個想法）。然而，即使她表明很大程度上是不由自主地搬到華府，而且只是暫時的安排，她仍堅定地指出，她對莎夏和瑪莉亞的愛、對她們的成長和福祉的責任感，終究凌駕於一切。她聳聳肩向一位記者表示，「假如孩子們需要父母之外的人來陪伴她們，那最好由我來。」[33]

在此之後，母親決定不再接受訪談。

她搬進白宮後隨即深得人心，即使她並不希望這樣。實際上，她成了眾所矚目的焦點，且被大家稱為「R太太」。白宮幕僚欣賞她低調的行事作風。多數為黑人的白宮管家們喜愛官邸裡有位黑人奶奶。他們拿自己孫子女的照片給她看，偶爾也會尋求她提供人生建言。白宮花匠來更換花卉時會跟我的母親閒話家常。當她離開大門前往第十四街的CVS藥妝店，或到另一個方向的菲林地下室（Filene's Basement）百貨連鎖店，或去前總統比爾·柯林頓前祕書貝蒂·柯里（Betty Currie）家打牌時，特勤局人員總是密切注意著她的動態。管家們時常試著要我母親讓他們替她做更多事情，儘管她表明非常清楚怎麼自己動手做事，不需要任何人服侍她或為她打理一切。

她說，「只要告訴我怎麼操作洗衣機就可以了。」

我們自知受盡她的恩惠，因此努力減輕她的負擔。她常陪莎夏和瑪莉亞乘車往返學校，並幫助她們適應新的日常生活。當我忙著履行第一夫人的義務時，她會確保兩個外孫女有點心吃，並且照應她們在課後活動所需的一切。就如同我還是小學生時那樣，她會興致勃勃地聆聽外孫女訴說一天裡發生的種種事情。當我們兩人有時間相處時，她會把我錯過的小孩的事情全部告訴我，然後她會如同海綿和共鳴板一般吸收與回應我的話語。

在不須照顧外孫女時，我母親刻意使自己不引人注目。她覺得我們應當不受她影響地過自己的家庭生活。她也認為，自己應享有不受我們影響的生活。她喜愛自由自在。她樂於擁有自己的空間。她往往依據經驗法則，不干涉我們的生活。她來到華府唯一的用意是成為巴拉克和我的可靠支柱，以及關照她的兩個外孫女。依她所見，其他一切都只是無事自擾和生活中的雜音。

有時我們會在白宮官邸舉辦晚宴款待貴賓。賓客們會四下探問我的母親在哪裡，並且想要知道她會否和大家一起用餐。我通常會笑著指向三樓她的臥房，和相鄰的、面向華盛頓紀念碑、有著巨大窗戶、她喜愛逗留的起居室，然後說道，「不會，奶奶會待在樓上的快樂園地。」

這基本上就意味著，「抱歉，凡夫俗子，我媽正一邊享用紅酒和豬肋排，一邊看著《危險邊緣》（*Jeopardy!*）智力競賽節目。別以為你可以和她相比……」

整體來說，這個安排似乎管用。我母親最終和我們一起在白宮生活了八年。她始終如一的低調行事作風和生活方式，對我們卓有幫助，對巴拉克高調且富戲劇性的職務尤其助益良多。她使我們腳踏實地。她住進白宮，不是為了追蹤伊波拉病毒疫情，或是國會議事拖延戰術的動向，或是誰試射彈道飛彈越過日本海挑起事端。

她在白宮純粹只是關注我們一家人有否好好堅持下去。而且我們需要她。因為她是使我們穩定的一股力量。

在那八年期間，我的兩個女兒從天真的小學生，蛻變為力圖獨立和憧憬成人生活的青春正盛少女。像其他青少年一樣，她們違反過一些限制，也做了若干愚蠢的事情。有人因為牴觸門禁規定而被禁足。某人把讓人吃驚的比基尼泳裝自拍照片上傳到Instagram，立刻遭到白宮東廂新聞團隊指示撤照。有人在地方執法人員抵達前，被特勤局人員拖離一場無人監督、失控的高中派對。當總統鼓起勇氣（不夠委婉地）質問，怎能一邊學習西班牙語一邊聽饒舌歌曲時，某人頂了嘴。

當年正值青春期的女兒們，即使只是輕微地反抗或有稍微不當的行為，都會使我憂心不已。我深恐白宮的生活會搞砸了女兒的人生。果真如此，身為父母的人當然難辭其咎。在那些情況下，我內心長年的恐懼會馬上加劇，並且觸發一連串的疑惑和愧疚感（我有提過心懷憂懼是出於對小孩的愛嗎？我內心明白自己會對什麼心軟，並且喜愛令我於心不忍的人）。

當孩子在小事上出錯時，身為母親的我會感到內疚。我會於事後批評巴拉克和自己做過的每個抉擇，以及省思我們曾經面臨的所有決定性時刻。我們先前討論過自我反省是女性天生擅長的事情，畢竟女性置身於不平等的體系之中，而且自孩提時代起就被灌輸各種不切實際的女性「完美」形象。我們從未有人——真的沒有人——能夠不負眾望。但我們仍堅持不懈地努力。就如同婚姻和夥伴關係那樣，善盡親職的幻想版本佔據著我們的文化想像最重要的位置，然而現實遠非如此完美無瑕。

母親們的匱乏感尤其劇烈。我們時常在廣告和各式社群媒體裡見到完美的母親形象，它的虛假或是令人困惑的程度，並不亞於修飾過的照片裡時常被社會奉為美的黃金標準的女性身體——節食、塑身和注射填充物所造就的身體。然而，我們已習於接受它，我們不只追求著完美的身體，也尋求完美的子女、完美的工作與生活平衡、完美的家庭經驗，以及完美的耐性和內心平靜，儘管事實是沒有人——我再說一次，真的沒有人——能夠不負眾望。假象造成的疑惑既難以承受又極具破壞力。身為母親很難不環顧四周並且思考，**每個人都做得如此完美而唯**

獨我做不到嗎？

我跟大家一樣容易這樣庸人自擾。每當女兒們展現任何衝突或挑戰跡象時，我總是即刻熱切地著手檢視自己的種種缺失。我是否對她們太嚴厲或是過於縱容？我太常在場還是太常缺席？我在十五年前是否忘了研讀某些親職教育書籍？這是真正的危機、更嚴重的問題的跡象嗎？我是否沒能傳授她們某些重大人生教訓？現在做的話會不會為時已晚？

如果你無論如何得為子女的人生負責，必然會熟悉這種特殊的惶恐和憂慮，這種為子女煩惱而睡不著覺的折磨——縈繞心頭的不知何去何從的感覺，憂慮自己為他們做得不夠，或是擔心自己搞砸了一切，而他們因為你的疏忽或是錯誤的決定正在付出代價。我相信我們之中許多人自見到新生兒珍貴、純真無邪的臉龐那一刻起，即持續不斷地強烈感受到那種完美無缺並且期許著：**請別讓我搞砸了**。

身為父母親，我們總是為了善盡親職而拚命奮鬥。我們的拚鬥撐起了諸多由此獲利和增長的產業，從嬰兒健腦操、符合人體工學的嬰兒車，到學術能力評測教練等不一而足。這就像是個永遠填不滿的無底洞。美國絕大多數父母因育兒成本極高而苦苦掙扎（大約耗費平均薪資的百分之二十），而且壓力只會有增無減。[34]你會相信，即使只是稍微鬆懈一下，都可能使自己的子女蒙受不幸。

很遺憾，我必須說，任何一個里程碑都無法終止這種情況。在你的子女學習睡覺、走路、上幼兒園、從中學畢業，甚至搬進自己的公寓、添購自己的牛排刀具的各個階段，你始終會持續不顧死活地為他們拚鬥。你將不斷地擔心他們！你仍然會為他們坐立難安！只要你一息尚存，你將繼續思量是否還有你可以為他們做的事。當你有了小孩之後，你會覺得世界變得越來越兇險而且似乎看不到止境，即使對於成年子女來說也是如此。我們多半會竭盡所能說服自己，我們對此具有掌控能力，縱然只是一點點的控制。即便是擔任過總統的巴拉克，如今仍會禁不住轉發警示的新聞，提醒兩個女兒留意開車或獨自夜歸的風險。當她們搬到加州居住時，他透過電郵寄給她們關於如何應對地震的長篇大論文章，並且提議由特勤局為她們做天然災害應變簡報（她們有禮貌地表示「不用了，謝謝」）。

關懷子女並且看著他們成長，是世上最有意義的事情之一，但這同時也是會讓人抓狂的事。

長年來，我擁有一項有助於遏制親職焦慮的祕密武器——那就是我的母親。她一直是支撐著我的佛陀，沉穩且不偏不倚地見證我的各種缺點，是我不可或缺的理智泉源。在我的兩名女兒整個年少時期，我母親始終在第二守護位置看著她們成長和發展，而且從未干預巴拉克和我在這個過程裡做出的各項抉擇。

她提供給我們洞察力和在場陪伴。她是專注的聆聽者，能迅速地幫助有些「過於」煩惱的我驅退恐懼，或是克制自我。她告訴我，關於孩子們，重要的是始終要假設最好的狀況——較可取的做法是使他們達到你的種種期望、不辜負你的高度器重，而不是讓他們因妳的懷疑和擔心而感到難堪。母親開示我，應當給予女兒們信任，而不是讓她們來贏得妳的信任。這是她個人對於「始初本質」（starting kind）的詮釋版本。

在白宮八年期間，母親總是在場幫我做現實查核。她以七旬耆老的堅定眼神，向我反映莎夏和瑪莉亞的青春期行為，提醒我眼前發生的事情不是挫敗，而是小孩成長過程裡相應的可以預料的情況——而且我自己也曾經做過一些相同的蠢事。她的激勵話語簡短又輕描淡寫，頗符合她的個性，然而那些話確實令我感到寬慰。

我母親會聳聳肩指出，「兩個孫女都不錯，她們只是正在努力學習人生。」

她同時是在對我說，我一樣令人滿意，我可以冷靜下來，並且信任自己的判斷。這始終是母親給我的核心訊息。

假如你待在她身旁夠久，你將會開始注意到，我母親往往於日常對話中說出珠玉般的智慧言語。這通常跟她的信仰有關。她相信我們能夠在不誇張、不大驚小怪的情況下，教養出恰如其分的小孩。她從不會滿腔怒火或滿懷激情地發表強烈的聲明。你反而必須傾身靠近她，才能聽清楚她說的話。那些悄聲說出的想法幾乎就像是從她的口袋掉出來的銅板。多年以來，我把這些銅板收集起來，將它們塞滿我自己的口袋，並且運用它們作為指引和工具，來抵銷我身為人母的種種疑惑與憂慮。有一陣子，我不停地思考著，或許我的母親應當寫一本書來講述她自己的人生故事，並且把她那些令我感到格外珍貴的洞見分享給大家。然而，當我向她提出這個建議時，她只是搖搖手說道，「我究竟為什麼要寫書？」

無論如何，她准許我在此分享一些她的至理名言。這些通過考驗證實無誤的指點，曾幫助我成為稍微冷靜、比較不那麼充滿愧疚感、較為稱職的母親。不過她要求我附上這句直接出自她的話：「你只須確保他們知道，我無意指導任何人生存之道。」

一、教導你的小孩喚醒自己。

當我五歲開始上幼兒園時，我的父母送給我一個小型電子鬧鐘。它有著正方形的鐘面，以及會在夜裡發出綠光的小巧時針與分針。我的母親教我如何設定起床時間，以及怎麼在鬧鈴響後關掉它。然後，她幫我推算早上必須做的一切事情所需時間——吃早餐、梳頭髮、刷牙、挑選衣服、綁鞋帶等用掉的時間——以便計算我從起床到出門上學需要多少分鐘。她提供給我工具和指導，而我必須自己想清楚，如何有效率地加以運用。

我非常喜愛這個鬧鐘。

我愛它給予我的力量以及它對於年幼的我的幫助。我如今已能領會，我的母親是刻意選擇在我成長初期傳授給我這個工具，畢竟這時我還小、還不會用憤世嫉俗的態度面對一大早起床上學這件事，她還不須親自來把我搖醒。這在某種程度上為她省下了麻煩。不過，真正獲得禮物的人是我：我可以自己醒來。**我可以叫醒自己！**

假如我睡過了頭，或者磨磨蹭蹭，懶得去上學，我母親並不會嘮叨或是好言勸誘我。她會維持不干預的立場，並且讓我明白怎麼過人生很大程度上取決於自己。她會說，「聽好，我已經完成教育。我已經上過學。這不是關於我自己的事。」

二、教養不是關於父母自己的事。好父母總是成功地讓自己停止扮演親職角色。

運用鬧鐘只是我父母更深思熟慮的教養方式的一個範例。他們的方法是幫助孩子學習在身心兩方面自己站穩腳跟並且維持不墜。從生下小孩那一天起，我的母親始終努力為實現一個目標而奮鬥，那就是或多或少地使自己在子女的人生中不再能夠派上用場。鑑於我已經講述過最近幾年我多麼需要母親在身邊幫我冷靜下來，我猜想讀者可以看清，我母親還沒能停止扮演親職角色。然而，這不是因為她不夠努力。

我的母親對於事實向來直言不諱，對於日常實務尤其如此。她打算盡可能並且盡快地成為我們的生活中非必要的人。達成此事的時刻越快來到，她就能越快感受到克雷格和我可以處理自己的事情，並且能夠視自己為更加成功的母親。她常說，「我撫養的不是嬰兒，我是在養育成年人。」

在直升機式教養法（helicopter-parenting）當道的時代，她這個說法聽來尤其讓人覺得不合時宜。然而，我確信，我母親的多數決定是根據一項基本課題：**什麼是此刻我能為他們做的最起碼的事情？**

這不是漫不經心或自私自利，而是經過深思熟慮的想法。在我們家，自立自強比所有其他事情都來得重要。我的父母自知家裡的金錢、空間和獲得特殊待遇的機會有限，而且礙於父親的健康狀況，他們必須在各方面講求節儉。我父親認為我們是幸運的，而且永遠不可把任何運氣視為理所當然。父親教導我們要對所獲禮物心存感激，不論那是一盅冰淇淋，或是一次觀賞馬戲團表演的機會。他期望我們品味當下、抗拒總是著手尋求新嗜好或新刺激的衝動、不去羨慕其他人擁有的事物。他的教誨既和藹又逗趣，但也誠摯認真：當有人拆開一件生日禮物後又迫不及待地找尋另一件禮物時，他會輕聲地說：「永遠不滿足！」當我們吃完第一盅冰淇淋之前又要求第二盅時，他會說道：「永遠不滿足！」他總是督促我們省思自身的種種需求。

雙親能傳遞給我們的唯一優勢是教導我們奮發自強、想清楚我們需要的事物。他們不能提供捷徑給我們，因此他們在培養我們的技能方面下工夫。他們對於子女的想法是：如果克雷格和我要在人生旅程中走得比他們遠，我們將需要強大的引擎和滿箱的汽油，當然也要具備自行維修的能力。

我媽相信，假如她插手的話，只會阻礙了我們的發展。倘若我們必須學習某些新事物，她會為我們指點迷津，然後迅速退居一旁。這意味著，克雷格與我於搆得到洗碗槽之前，就在一張踏腳凳輔助下，學著如何清洗和擦乾餐盤。

我們也被要求養成自己鋪床和洗衣服的習慣。我先前說過，母親推促我自己走路上下學，讓我自己找到往返的路。這些全都只是雕蟲小技，然而它們是學習自立和解決問題的日常練習，有助於我們逐步克服疑惑跟恐懼，直到我們的疑惑與恐懼大體上寥寥無幾。這類技能會日漸變得易於探索和發現。只要確立了一項堅定的習慣，我們便能從而養成更多的習慣。

雖然我們在許多事情上做得不夠完美，但是重點是我們親自動手做了。沒有人代替我們去做。我的母親沒有介入。她沒有糾正我們的錯誤，或是制止我們的做事方式，即使我們採行了有別於她的方式。當我日前詢問此事時，母親回答說，「孩子們小時候都比較容易犯錯。就讓他們去犯錯吧。而且你也不必大驚小怪，因為倘若你認為孩子犯錯是天大的事，那麼他們將會停止嘗試。」

她袖手旁觀，任由我們在家務、功課，以及對老師、教練和朋友的關係上自己努力，也容許我們犯下錯誤。對於這些事情，她不會牽扯上自我意識或是自我價值，也不會拿它們來自吹自擂。她會說，這根本不是關於她自己的事情。畢竟她總是盡力試著不插手我們的事情。這意味著，我們的勝利不會使她的心情上下起伏。她的幸福感不是取決於我們是否帶著優異的學習成績單回家，或是克雷格在籃球比賽貢獻了多少得分，或是我被選為學生會成員。當好事發生時，她會為我們感到高興。當壞事來臨時，她會幫助我們處理，然後再回去做她的家務和迎接各種挑戰。至關緊要的是，不管我們成功或失敗，她始終愛著我們。任何時候我們回到家裡，她都滿心喜悅。

我的母親默默地守護著我們的生活，但她不會馬上提出要為我們而戰。我們持續學習和發展許多社交技能，好了解自己想要什麼樣的伴侶、期望聽取什麼樣的見解，以及理解自己做出這些選擇的原因。她有空時會到我們的學校擔任志工，這使她得以觀察我們的日常習慣，或許也有助於她辨識我們何時真正需要幫助、何時只是在「學習如何生活」。而大多數時候我們似乎只是在學習生活方式。

當我放學回家對某位老師的作為惱怒不已時（我承認這時常發生），我媽會站在廚房聆聽我長篇大論地宣泄不滿，內容若不是指責該教師不公正，就是批評其指派的課外作業愚蠢，或是顯然不知道自己在做什麼。

在我說完話、怒氣平息並且可以清醒地思考之後，她會問我一個簡單的問題——全然真誠且有點誘導性的問題。「需要我幫妳嗎？」

多年以來，我確實有幾次真的需要母親的幫助，而且她伸出了援手。然而，九成九的時刻，我不需母親幫我。僅僅藉由提出那個問題，以及給予我回應的機會，她巧妙地促使我不斷思考並找出解決之道。情況實際上有多糟？有哪些解決方法？我能夠做什麼？

最終，我往往明白可以信任自己的答案，那就是「我能夠自己處理」。

我的母親幫我學會如何思索清楚自己的種種感受，以及應對它們的策略，而她大部分時候只是給予我思考空間，以及小心翼翼地不使自己的感受或意見扼殺了我的想法。假如我因為某件事情而過於悶悶不樂，她會要我去做一件家事，但實際上不是懲罰我，而是藉此簡化問題。她會說，「起來，去把浴室清乾淨。這樣妳就不會一心只在意自己。」

母親在我們小小的家裡，創造了一種情緒沙盒（emotional sandbox），讓年少時期的克雷格與我能夠安全地演練我們的種種情感，並且理清我們回應情感的各式方法。她傾聽著我們大聲說出和逐步解決難題，不論那是一項數學等式，或是我們在遊樂場遭遇的問題。當她給予我們建議時，通常都不帶感情而且切合實際。最常見的是，她會提醒我們客觀地看待事情、從期望的最終結果來反向思考——始終專注於問題的根源。

當我念中學時，曾經對一位覺得我態度傲慢的數學教師很不滿，我的母親聽了我的抱怨之後，善解人意地點了點頭，然後聳聳肩說，「妳不須鍾愛妳的老師，她也不必喜愛妳。然而，她精通數學，而妳需要學會它，因此妳或許應當去學校跟她學好數學。」

然後，她看著我，並且露出微笑，彷彿表示這是世上最明白易懂的道理。她還告訴我，「回到家就有喜愛妳的人，我們始終鍾愛著妳。」

三、認清什麼是真正珍貴的事物。

我母親記得她在南區成長的家起居室中央，有一張光滑、精緻的玻璃製大咖啡桌。為了避免打破玻璃桌，家裡幾乎每個人都被迫在它四周小心翼翼地走路。

我媽認真地關注著自己的家人。她是家中七名小孩裡排行中間的那一個，這使她可以觀察到許多事情。她有三位姊姊、三名弟弟妹妹，以及個性大相逕庭而且相處不甚和睦的父母親。她長年全神貫注地追蹤著家裡的動態，悄悄地或許不知不覺地發展出關於自己日後將如何供養家庭的想法。她看著她的父親——我的外祖父——把子女當作寶貝，對她的三個姊姊尤其呵護備至。他開車接送小孩，以免他們搭公車而遇上他控制之外的事情。他在晨間叫醒孩子們，因此他們不須設定鬧鐘。而且對於小孩們依賴著他，外祖父似乎感到欣喜。

我母親把這一切都寫進札記裡。

我的外祖母瑞貝卡（Rebecca）——我媽的母親——是拘謹且正派的人，她顯然過得不快樂，而且可能罹患了憂鬱症（如今我母親相信確有其事）。她年輕時的夢想是成為護士，但在維吉尼亞州和北卡羅萊納州當洗衣女工、撫養七個小孩的她的母親，似乎告訴她，上護理學校所費不貲，而且黑人護士很少能找到好職位。於是，瑞貝卡嫁給我的外祖父、生養了七名子女。對於這樣的人生，她看來未曾感到滿意（在我母親約十四歲時，我外祖母終因生活過於愁苦而搬離她的家、擔任護理工作養活自己。後來，她又與外祖父復合，共度較為輕鬆自在的家庭生活）。

外祖母家有個支配教養方式的飭令，那就是小孩應當被看見而不是被聽見。我媽和她的姊妹跟弟弟們被教導，在餐桌上要保持緘默，要靜靜地、心懷敬意地聆聽成年人的話語，而且永遠不要開口說話。我母親清晰地記得，吃飯時經常有一堆想法不斷累積，卻不能表達出來的那種感受。她覺得極不自在，一點也不喜愛這種感覺。即使是在心理層面，她都如履薄冰，始終戰戰兢兢地生活著。

當外祖母的朋友來訪時，她會要求子女到客廳陪著大人們。七個從幼兒到青少年的小孩全體必恭必敬地端坐一旁，而且除了打招呼之外不能開口說話。

據我母親描述，在那些漫長的夜晚，她於客廳痛苦地緊閉雙唇，聆聽著成年人談天說地，雖然她很想加入話局，爭論一些想法或是至少更好地釐清話題。然而，她只能持續數個小時盯著潔淨明亮、沒有一絲污痕或指紋的玻璃咖啡桌，不斷努力阻止自己發表意見。必定是在這個時候，我的母親不知不覺地有了這樣的想法：日後她不只將准許自己的子女表達意見，更要鼓勵他們暢所欲言。多年以後，這成為我們歐幾里得大道家裡的金科玉律。我們得以發表任何想法，而且所有意見都會受到重視。我們從未被禁止提問任何真摯的問題。我們獲得允許開懷暢笑和放聲大哭。沒有人必須小心翼翼地生活。

我母親記得，有個晚上某位素未謀面的婦人來訪，她看著客廳裡七個全都文風不動的小孩，合情合理地問說：「你們有這麼多孩子，怎麼可能把玻璃桌保持得這麼乾淨？」

她想不起來當時我外祖母怎麼回答，不過她心中有個實在的答案：依她所見，她的母親沒學會關於何者珍貴、何者不然的基本課題。看見孩子卻不能聽見他們，究竟有什麼意義？

外祖母的孩子們始終不敢去碰家裡那張玻璃桌，他們同樣全都沒有勇氣發言，因為他們明白，即使只是試著表達意見也會遭到懲罰。他們一直被綁手綁腳，而沒能自由自在地成長。

在我母親約十二歲時，某天傍晚有若干成人到訪，其中一人出於某種愚蠢的理由竟坐到玻璃桌上，以致桌子的玻璃於我外祖母的震驚中和孩子們的沉默凝視下碎了一地。對我母親來說，這是帶有一點喜劇感的正義伸張。直到今日，說起這個故事，她仍會捧腹大笑。

四、教養小孩理應適性而為。

我的父母養育我們成長的家，沒有外祖父母擁有的那種玻璃桌。我們的生活中簡直沒有精緻或是易碎的事物。事實上，我家負擔不起太浮華的東西，此外，在經歷了那樣的教養之後，我母親對任何精品毫無興趣。除了我們的身體和靈魂之外，她從不認為屋簷下的任何東西實際上珍貴無比。

克雷格和我被允許在家裡做自己。克雷格是天生的照顧者，而且有些自尋煩惱。我則爭強好勝又獨立自主。我們的父母以不同的方式看待和對待我們。他們的教養方式適合於我們個別培養各種實力，他們鼓勵我們展現自我最好的部分，而不是試圖使我們融入任何預定的模式。我的兄長與我尊敬長者，也遵從某些尋常規則，但是我們會在用餐時說出內心想法、在室內玩球、大聲播放音樂，以及在沙發上戲耍。當我們打破了某種東西——不論是一個玻璃杯或是馬克杯，或是偶爾弄破窗戶——都不是什麼大不了的事。

我努力用相同的方法教養莎夏和瑪莉亞。我期望她們感受到自己被看見也被聽見——始終能夠暢所欲言、無拘無束地探索世界，而且絕不會覺得在自己家裡生活如履薄冰。巴拉克與我建立了一些居家基本規則和管理原則：如同我的母親，我在小孩成長到可以睡自己的床後，就要求她們自己鋪床。而巴拉克像她母親那樣，使孩子很早就樂於閱讀。

無論如何，我們很快體會到，教養小孩跟懷孕和生產的過程如出一轍：你會投注大量的時間夢想、籌備和規畫如何使家庭生活盡善盡美，然而最終你大都只能應對生活裡發生的任何事情。你有睡眠、飲食、紀律等方面五花八門的專家可以取經，藉以建立自己的育兒方法和慣例。你跟伴侶反覆討論一切事情，並且寫下自己家庭的規章、大聲宣示你們的信仰和哲學。然而，幾乎可以確定，在某個時間點，你們將潰不成軍，而這越早發生越好。你們將領悟到，儘管竭盡所能、鄭重其事地戮力以赴，你們只能勉強地——有時**極為**勉強地——掌控一些事情。你可能曾在幾年期間，令人欽佩地把家中打理得一塵不染而且井然有序，而如今這個家已遭到自己的小孩劫持，不論如何，他們都會毀掉你維護的整潔和秩序。

儘管孩子們愛你，他們終究有自己的計畫。即使你慎重地規畫子女的人生，身為獨立個體的他們，仍將用自己的方式去學習人生課題。他們充滿了探索、試驗和接觸世界的好奇心。他們將在你掌舵的家裡四處摸索，並且不經意地摧毀包括你的耐心在內的任何脆弱的事物。

以下是一個我不必然引以為傲的故事。在我們還住在芝加哥期間，瑪莉亞約七歲、莎夏約四歲時的某個傍晚，我忙完一天的工作後回到家裡。那時巴拉克因國會參議院正值議期如常地待在華府，對此我可能有些不滿。當天我為女兒們端出晚餐、詢問她們過得如何、監督她們洗澡、清洗餐盤，然後試著放鬆自己、極想放下家務，找出即使半小時，坐下來靜靜休息。

女兒們應當刷牙、準備就寢了，然而我聽見她們在三樓遊戲室的樓梯間跑上跑下，並且縱情歡笑。

「嘿，瑪莉亞，莎夏，安靜下來！」我在樓梯底下喊道。「**現在！**」

她們暫停了一會兒——或許整整三秒鐘——然後樓上又響起隆隆的腳步聲和尖銳刺耳的嬉笑聲。

「歇息時間到了！」我再次大喊。

然而，她們顯然充耳不聞。我覺得臉頰開始發燙，我的耐心正在崩解，怒氣逐漸累積而且即將爆發。

我只想讓她們上床睡覺。

在我小時候，當這樣的情況發生時，母親總是建議我試著數十秒，因為暫停十秒足以使人較理智地應對問題。

然而，才數了八秒，我就無法再忍受了。我感到精疲力竭，怒不可遏。我衝上台階，並且對她們咆哮，要她們離開遊戲室下樓來找我。然後，我深呼吸並且接著數完十秒，努力平息我的憤怒。

當兩個女兒穿著睡衣出現在我眼前時，她們臉色泛紅而且微微流著汗，我告訴她們，我放棄了。我不要再當她們的母親了。

我力求沉著卻難以平靜地說，「注意，妳們不聽話。妳們似乎認為不需要媽媽。妳們我行我素，怡然自得，那麼請便……從現在開始，妳們可以自己照顧自己吃飯穿衣睡覺。妳們可以自行管理自己的生活。我無所謂。」我無奈地攤開雙手，好讓她們知道我感到多麼無助和受到傷害。我告訴她們，「我受夠了。」

就在這個時候，我此生最透徹地看清了兩個女兒。

瑪莉亞兩眼圓睜，下嘴唇開始顫動。

她說，「噢，媽咪，我不希望這種事情發生。」然後立即迅速地到浴室刷牙。

這使我鬆了一口氣。我想著，**哇，這確實很快就奏效了**。

四歲的莎夏這時緊抓著她喜愛的藍色毛毯，站在那裡想了一下我說的話，然後做出純然獲得解脫的情緒反應。在她的姊姊順從地去刷牙後，莎夏隨即一言不發地轉身、蹦蹦跳跳著上樓回到遊戲室，彷彿在說，**終於！這位女士不管我了**。幾秒之後，我聽見她開啟了電視。

在深感疲憊和挫折之際，我把莎夏的生命之鑰交給她自己，結果她非常樂意收下它們，雖然此時距離她實際做好相關準備還很遙遠。儘管我母親關於最終成為孩子不須仰賴的人這種想法，深得我的喜愛，但此刻要卸下母職仍為時過早（我立刻叫莎夏從遊戲室下樓、送她去刷牙，然後讓她上床睡覺）。

這段插曲使我學習到重要的經驗教訓、領會了如何應對自己的小孩。我有一個需要父母提供更多護欄的小孩，還有一個希望雙親減少護欄的孩子。一位會對我的各種情緒做出回應，另一位會把我說的話信以為真。

這兩個孩子有各自的性情、敏感度、需求、強項、個人界線，以及詮釋周遭世界的方式。在女兒的成長過程裡，巴拉克和我不斷地見證她們體現這一切的動態。在滑雪坡道上，瑪莉亞會連連做出有板有眼且準確無誤的轉向動作，而莎夏則偏好任由外套隨風擺動、直接快速滑下坡道。假如妳詢問莎夏在學校的日子過得如何，她會用五個字快答，然後蹦蹦跳跳著回自己臥房，至於瑪莉亞則會巨細靡遺地講述每個小時發生的事情。瑪莉亞時常徵詢我們的建言——如同她的爸爸，她喜好在聽取他人意見後、深思熟慮地做出決定——而莎夏就像我孩提時那樣，在我們信任她可以獨立自主時成長茁壯。這沒有所謂的對錯或是好壞之分。她們過去截然不同，如今還是迥然有別。

身為母親，我較少仰賴育兒寶典和眾人崇拜的教養專家，而較多依靠自己的直覺本能，聽從我母親經得起時間考驗的提醒，使自己冷靜下來並且信任自己的判斷。巴拉克和我逐漸領悟到，如何從自己孩子身上解讀出線索、適應她們向我們展示的事物、努力經由我們對她們個別天賦與需求的認知來理解其發展。我開始思考，親子教養有點類似飛繩釣法（fly-fishing），你站在水深及膝的急流中數個小時，試著推算水流、風向和太陽的位置，而且唯有手腕動作熟練又輕巧，方能使這種釣法達到極致。而耐心、洞察力和精準也同樣至關緊要。

孩子最終將成長為他們注定會成為的人。他們將以自己的方式領悟人生。你將能控制他們發展過程的某些事情，但絕對掌控不了他們的一切。你無法使他們的生活免於不快樂和掙扎。你能給予孩子的——我們能給予所有孩子的——實際上是被聽見和被看見的機會、他們所需的依據深刻的價值做出理性決策的練習，以及一貫地對他們陪在你身旁感到喜悅。

五、我們總是歡迎你回家。

我的母親時常對我和克雷格說歡迎我們回家。這個訊息比所有其他訊息更加意義非凡。回家使我們感受到被人喜愛。家是我們始終能發現喜樂的所在。

在這些章節裡，我寫下了許多關於家的想法。我領會到自己很早就幸運地體驗了一個美好的家。我小時候沉浸在歡樂之中，因而在成長茁壯的過程裡擁有了明顯的優勢。我明白欣悅的感覺，有能力向外尋求更多幸福、朋友和各式關係，而且最終找到能帶給我的世界更多光明與喜樂的伴侶——然後我試著使自己的孩子享有這一切，期望她們的人生獲得同樣的鼓舞。我在發現和欣賞他人內在光輝的練習中，掌握了我個人或許最為珍貴的工具，它有助於我克服難以預料的事情和應對艱難的時刻、看清被絕望和憤世嫉俗掩藏的實情。最重要的是，這有助於維繫我的希望於不墜。

我意識到，對於許多人來說，「家」是更為複雜而且不那麼讓人感到自在的概念。它可能代表一個地方，或是一群人，或是某人理所當然地力圖拋諸腦後的某種情感體驗。家有可能是你永遠不想回去的令人痛苦的所在。這也無所謂。清楚自己不想去的地方，能夠賦予你力量。

而發現自己下一步想要走向何方，也能使你獲得力量。

我們如何為自己和其他人——尤其是孩子們——打造洋溢喜樂而且總是期望回歸的處所？

或許你理當鼓起勇氣重新形塑關於家的想法，為自己組建一個遮風避雨的所在，重燃你童年時忽略或是沒能點燃的心火。或許你必須培育一個「選擇家庭」（chosen family）而不是有血緣關係的家庭，以便守護那些保障你安全的邊界。我們之中有些人將須無畏地為人生做出種種轉變，一再地重新打造各種空間和變換共同生活的人，然後才能找到真正有家的感覺，且能感到自己獲得接納、支持和為人所愛的地方。

我媽跟我們一起搬到華府（沒錯，是被我們強拉硬拖來的），部分原因出於幫我們照顧小孩，另外也是因為我需要她帶來歡樂。我只是個長大了的孩子，在漫長的一天結束回到家裡後會感到疲憊，而且需要一些關懷、撫慰、接納，或許也需要一份點心。

我的母親用她明智且率直的方式來增強我們的信心。她輝映我們的日常生活，使我們能夠轉而照亮他人。她的幫助使我們感到白宮較不像是博物館而更像一個家。在那八年期間。巴拉克跟我力圖向更多不同種族和背景的民眾——尤其是更多的小孩——敞開這個家的大門，邀請他們進來觸摸各式家具，以及探索裡頭的事物。我們期許他們與歷史產生連結並了解自身的重要性——他們足夠珍貴——能為歷史形塑未來。我們希望人們覺得白宮是充滿喜樂、歸屬感的宅邸，並且傳達出此一簡潔又強效的訊息：**在此，我們將總是喜愛你**。

當然，我媽不搶任何功勞，她會率先告訴你，她沒有不同凡響之處，而且無論如何，這從來不是關於她自己的事。

在二〇一六年底、新總統宣誓就職前約一個月，我的母親開心地打包行囊。白宮並未為此大張旗鼓，而且在她堅持下，也沒有舉辦送別派對。她只是對完成使命感到欣慰，搬離白宮回到芝加哥歐基里得大道的住處，回歸她的舊床和一切家當。

第3部

我們常把看不到的事物，當作不可能存在。
這種假設會扼殺一切。[35]

——奧克塔維婭．巴特勒（Octavia Butler）

▲二〇二一年一月六日發生美國國會大廈暴動事件，我震驚到難以平復；但不久後，我參加了二〇二一年一月二十日拜登總統就職典禮，才對民主重拾信心。

第8章 我們的全貌

我有時會讀到一些高薪成功女性的簡介，聲稱自己享有一切又面面俱到。她們還常散發出一派輕鬆的氣質：精心打扮、衣著得體，不論個人事業為何，都能經營得有聲有色，看起來還能替孩子們煮晚餐、摺好家裡每件洗好的衣物、週末有時間練瑜伽和逛小農市集。有時，我們會學到她們時間管理訣竅或生活智慧，例如如何挑選睫毛膏、買哪牌薰香回家點燃、巴西莓果昔能添加何種食材等。除此之外，她們還信手拈來最近讀完的五本純文學小說書單。

我要告訴你的是，真正的情況其實複雜許多。一般來說，你看到的這些人往往剛好位於社會金字塔頂端，看似優雅自若、主導全局。但首先，任何的平衡都可能只是暫時維持而已。其次，這代表要感謝整個團隊的努力，成員通常包括經理、托兒所員工、管家、髮型設計師等種種專業人士，多虧他們致力提升一個人的效率和關懷面向。許多人——包括我自己——都是由一群沒沒無名的人在背後支持，才得以有所成就。沒有人能百分之百靠自己成功。我認為，凡是有幕後英雄協助自己，就應該要特別提及，納入我們的生命故事中。

只要認識我的人，通常也會認識多年來我團隊中富有才華又穩重的幕僚。這些得力助手幫我解決了許多問題，掌握無數細節，增進我的做事效率和處理能力。在白宮擔任第一夫人期間，我有兩位幹練的年輕得力助手——第一任期是克莉絲頓．賈維斯（Kristen Jarvis），第二任期則是克莉絲汀．瓊斯（Kristin Jones）——她們幾乎時時陪伴我出席公開場合，協助我順利跑行程，準備好因應當下的活動。時至今日，她們仍像是莎夏和瑪莉亞的大姊姊。

離開白宮後，我推動了各式各樣的新計畫，包括寫書、製作電視節目、幫助管理歐巴馬基金會（Obama Foundation），同時也繼續針對投票權、女性教育權和兒童健康等議題進行倡議工作。這一切都有賴梅麗莎．溫特（Melissa Winter）從旁引導。她於二〇〇七年辭去國會工作後，便在巴拉克競選總統期間幫忙，後來成為白宮東廂重要副手，十五年後仍與我一起打拚，現在擔任幕僚長一職，嫻熟地處理我的辦公室大小事，經手我職業生涯方方面面伴隨的龐大責任。我實在太仰仗她的能力了。

在離開白宮後頭五年，我很幸運有非常能幹的助理，名叫奇娜．克雷頓（Chynna Clayton），她於二〇一五年加入我在東廂的工作團隊；在我成為一般公民後，仍願意繼續替我工作。奇娜就好像我的航管員，日復一日協調我的每個行程。假如有朋友問我隔周二是否有空去吃頓晚餐，我多半會笑著說：「你要問我媽耶。」這裡當然指的是掌管了行程表的奇娜。

奇娜保管了我的信用卡、知道我母親的電話號碼、負責與我的醫生聯絡、安排我的大小差旅、與我的特勤人員合作、規畫我與朋友的出遊。她可以適應各種類型的環境，遇到變化也能保持鎮定。我可能本來在學校和一群學生談話，之後趕去拍電視節目或錄製一集podcast；或可能會晤了某國領袖或慈善組織負責人後，就要與政商名流共進晚餐。這些活動背後都是奇娜在張羅。

由於她的工作性質，因此我們幾乎形影不離，搭車或搭機都坐在一起，飯店住在相鄰的客房。我們太常一起旅行，因而拉近了彼此的距離。家中可愛的老狗波波過世時，奇娜也陪著我一起哭了。她買了第一棟房子時，我陪她一起慶祝。奇娜不僅融入我的生活，更是我的心腹之交。

因此在我們離開白宮大約一年後，奇娜問我能否進行正式一對一談話時，我整個人緊張起來。想到她陪在我身邊幾年，這個要求實在非比尋常，而且她語氣似乎很焦慮，一下子也讓我焦慮了起來。我心想，這次談話很可能只代表一件事：她要提辭呈了。

奇娜走進我的辦公室坐下來時，我也做好了最壞的打算。

「呃，夫人……」她說（稱呼我「夫人」是白宮時期留下來的敬稱，但我們有許多長期員工都堅持要維持這個習慣）。「其實我有一件事一直放在心上，不太知道怎麼開口……」

「好，妳說吧。」

「嗯，是有關我家人的事。」

她在椅子上不自在地挪動身子。

「好的。」我說。

「其實是我爸的事。」

「然後……」

「嗯，我以前應該都沒提過，但我覺得應該說出來。我爸坐過牢。」

「噢，奇娜。」我說，心想這想必是最近的事。我認識奇娜的母親桃樂絲．金恩（Doris King），但從沒見過她父親，她也不曾向我提起。「感覺吃了不少苦，很替妳難過。什麼時候發生的呢？」

「我三歲的時候他就坐牢了。」

我停頓了一秒，腦袋裡計算著。「妳是說，他是二十五年前坐過牢？」

「應該差不多。我到了十三歲，他才出獄。」她看了我一眼，彷彿在觀察我的反應，「我只是覺得您應該知道，以免這件事情帶來麻煩。」

「**麻煩？**這怎麼會是麻煩呢？」

「不知道，我只是擔心有這個可能。」

「等一下，」我說，「所以妳替我工作以來都很煩惱嗎？」

她的笑容溫柔而羞怯，「是啊，有點煩惱。」

「這就是妳找我談的原因嗎？」

奇娜點點頭。

「那妳沒打算辭職吧？」

她聽了嚇一跳。「辭職？沒有啊。」

我們面面相覷了數秒，應該彼此都鬆了口氣，隨之沉默半晌。

後來，我不禁笑出聲來，接著說：「我真的差點被妳嚇死，還以為妳想辭職了。」

「沒有啦，夫人，怎麼可能。」奇娜如今也笑了出來，「我只是想告知夫人一聲，感覺差不多可以說了。」

之後，我們坐下來聊了一下，兩人都發覺「那件事」其實影響很大。

對她來說，講出這段往事其實是一種解脫，放下心頭一塊大石。她表示，她這輩子都羞於告訴別人自己父親在坐牢。年輕時，她刻意對老師和朋友隱瞞了這件事，不想因為家人的遭遇而被指指點點，或承受刻板印象。後來她就讀大學，接著開始在白宮和光鮮亮麗的同仁共事時，她覺得風險越來越高，她童年狀況和現今際遇之間的差距越來越大。怎麼可能隨口向空軍一號上鄰座的人說，自己小時候都要到聯邦監獄才能見老爸一面？

對她來說，忽略這段往事已成了內建的習慣和策略。然而，她有時不得不刻意迴避此事，避免捲入任何涉及童年的對話，導致多年來她容易產生戒心，凡事謹慎，也多了一層武裝。她向來都安安靜靜過日子，只擔心自己有天會被人當成騙子。當然，她沒有欺騙任何人。

那天在我的辦公室，我再三要奇娜放心，她訴說的往事——她過去的一切——我完完全全可以接納，而且我很感謝她說出來。真要說起來，這反而更加深我對她的敬佩，我也更了解面前這位無比能幹的女生。她在童年成功克服了父親坐牢伴隨的壓力，證明了她的韌性強、夠獨立又堅持不懈。這也讓人得以理解她何以擅長解決問題、處理後勤，畢竟她年輕時就已懂得隨機應變、多方思考。她原本內心掙扎，不曉得如何梳理父親的過去，或許也說明了為何她是團隊中較為安靜的成員。我不再只是看到這位了不起女性的一部分，而是看到她的全部面向，甚至更不一樣的她：眼前這位女性的人生故事，分成了許多精采的篇章。

我知道奇娜生長於邁阿密，由堅強的母親桃樂絲扶養長大。桃樂絲獨自承擔著教養孩子的工作，還自主上大夜班，這才能在女兒放學後陪她，也常鼓勵她抓住每個機會。這些年來，我見過桃樂絲幾次面，親眼看到她有多為女兒為榮。奇娜的生涯、事業、智慧與成熟，都是了不起的成就，在在反映了她母親的投入與辛勞。

我從自身成長背景明白，這樣的支持有時會轉化為額外的壓力，儘管本意可能並非如此。你只要在家族中開創世代先例——第一位到外地闖蕩的人、第一位大學生、第一位晉升有產階級，或以任何形式立足於社會——都是背負著許多人的光榮與期望前行，包括每一位先人、每一位揮手指引你走向山頂的貴人，雖然他們力有未逮，但仍相信你會實現目標。

雖然這看起來很美好，但也變成了無形的負擔，沉重到你無法輕鬆以對。你離家時，知道自己背負著前人的希望與犧牲；如今，你正設法在校園和職場環境中走著鋼索，在眾人眼中不太一樣，能否獲得歸屬感也是未知。

如此辛苦又缺乏保障，難免不想貿然分享太多個人故事，也難免會顯得內向、謹慎、包著層層武裝。你只能設法專心、保持平衡、不要掉下來。

如今，奇娜說我們之間的對話幫她解開了內心某個結，進而擺脫了部分恐懼，也不再覺得自己在專業上不夠格。我們深厚的交情帶來了安全感，加上多年來建立的信任感，她選擇讓內在某一部分脫離黑暗、進入光明，過去她自覺這部分十分脆弱，令她**身不由己**。

我明白，對她來說，分享感覺像是一場冒險，儘管我們倆遠比大多數員工與老闆之間的關係更加貼近與緊密。我也認知到在許多職場中、對新進員工來說，或假如身為有色人種女性的奇娜在團隊中更顯孤獨，這種風險感覺就會更大。我們在職場選擇分享的內容，以及揭露個人故事的時機與面向，不僅僅關乎個人而已，本質上也相當複雜——這往往十分敏感，牽涉時機、大環境與謹慎判斷。我們需要時時刻刻留意風險，以及誰能接納我們的真相。沒有單一經驗法則能一體適用。

我們會在接下來的章節中，討論更多真實又有效地分享個人故事的時機與方法。但我想先談談，為何我們必須要尋找各種機會，學習更坦然地面對自己的往事；同樣重要的是，我們也要打造空間來接納別人的故事——可能是在職場中，也可能是在日常生活中，假如是理想的世界則兩者皆然。

從非常基本的層面來看，你只要深思熟慮後，願意冒險一試，釋放出藏在內心的某個部分，不再有義務把它隱藏起來，或不再因為自己不一樣而努力彌補，你就能感到如釋重負。通常，這代表你開始把自己被忽略的部分融入整體的自我價值之中。這正是找到自我之光的方法，往往也有助別人看到這道光。有些人可能會覺得這個過程非常私密，需要諮商師的專業引導才能完成，只分享給最值得信任的親友；有時候需要花上好多年的時間，遇到合適的時機和條件才能敞開心扉。許多人真的等太久才開始嘗試了解自己的故事，或願意把故事說出來。最重要的是，我們要找到方法來爬梳內心深處的故事，思考藏在心中是否對自己有益。

奇娜告訴我更多成長經歷後，發覺這並沒有改變我對她的高度評價，便表示她開始覺得更有自信，也更能放鬆地與生命中的別人分享這段往事，讓她少了點害怕，多了些信心與自在。她也開始了解自己花費多少精力——甚至在無意識中——隱瞞自己的故事。

多年來，她一直活在恐懼中，害怕會因父親坐牢這件自己無法掌控的事而遭受異樣的眼光，但這種事在美國其實仍非常普遍。在白宮清高不凡的氛圍中工作，她曾以為父親坐過牢的經歷讓她成了「異類」。但事實可能並非如此。美國政府統計資料顯示，在美國，有超過五百萬兒童的父母曾遭拘留或監禁——約佔所有青少年的百分之七。[36]由此可見，奇娜可能沒有自己想像得那麼異於常人。但當然，以前大家不會拿出來談。何必呢？由於我們的社會文化容易妄下定論，我們自然常常會相信只有把自己的脆弱藏起來，才會更有安全感。

然而，這反映的是許多人誤以為自己是「異類」，也許實則不然。我們守護的祕密可能會害自己變得孤單、與人產生隔閡，加深不被看見的痛苦，而這條路實在不好走，我們守護的祕密數量無人知曉，被恐懼或羞恥等本能反應緊緊抓住，這會讓我們少了歸屬感、多了自卑感——以為真實的自己永遠不符合所處現實世界。當我們隱藏脆弱的一面，就永遠沒有機會知道哪些人同病相憐，或哪些人可能會懂我們的脆弱、甚至感覺自己被接住。

大約在我們那次談話的一年後，奇娜以來賓身分參與我在 Spotify 主持的 podcast 節目錄製，共同討論所謂的師徒關係。在討論過程中，她提到父親在她成長過程中坐過牢，還說自己學會放下過去這件往事所伴隨而來的羞恥感，而開始正視這段經歷是如何幫助她成就現在的自己。

奇娜更大方分享個人故事的過程中，結果不僅幫助了自己，也啟發了別人。這集播出後，全美各地的訊息如雪片般飛來，許多聽眾都給予她正向又美好的回饋。他們都十分感謝她的真心話，而且不分男女老少、甚至連孩子們都寫說能完全理解她的感受，因為自己也曾面臨同樣的壓力，包括至親入獄、思考如何吐露真相，並且把經驗融入個人生涯。

而格外有意義的是，奇娜講話時沒有帶著一絲羞愧，態度沉穩又自豪。她的那段經驗與聽眾產生共鳴，無形中提振了所有人的信心，打造了一個更為寬廣的場域，讓他們可以自我揭露，獲得歸屬感。對他們來說，一名曾到聯邦監獄探親室的小女孩，後來居然可以進入白宮工作，這絕對能帶來啟發。

凡是一個人選擇揭露自我故事的不完美，揭露傳統上認為是缺陷的處境或條件，往往能真正反映了自我沉穩與力量的源頭。美國歷史上早已有無數例證，光是一個堅毅之人的力量，便可以成為許多人的力量。二〇二一年一月二十日，我有幸站在總統就職典禮的台上，便思考著這個問題：當時，一位名叫阿曼達．戈爾曼（Amanda Gorman）的年輕作家身穿亮黃色外套，站到麥克風前朗誦了一首詩，完美地呼應近代史上極度令人憂心的艱難時刻，數百萬觀眾聽了莫不感到激動。

就在兩周前，在即將卸任的總統川普煽動下，大約兩千名暴徒集結佔領了美國國會大廈，企圖阻止國會認可拜登勝選。他們砸碎窗戶、搗壞大門、襲擊並打傷警察，闖入參議院議事廳，恐嚇國家領導階層，危及民主制度。我和巴拉克驚愕不已地看著新聞直播，那天的事件真的徹底把我嚇壞了。我本來也明白，美國上下正在努力對抗嚴重的政治紛擾，但親眼看到原本的言詞交鋒，演變成欲推翻選舉的暴力行徑，既魯莽又火爆，深深打擊了所有人。美國前總統居然鼓勵民眾圍攻自家政府，這大概是我見過最可怕的事。

身為公民，我們不見得同意投票選出來的決策者；但身為美國人，我們歷來信任民主這項偉大的制度，把自身信仰寄託在這套理想之上。我擔任第一夫人期間，認識許多勤奮又有想法的公務員，他們畢生都奉獻給公務，許多人歷經不同政府團隊，但無論哪個政黨執政，始終保持著專業與一致的服務。我在巴拉克擔任伊利諾州議員期間，見到州政府如此運作；我在芝加哥市長辦公室服務期間，見到市政府亦如是。民選首長來了又走，隨著選票上台下台，但政府本身——即奠基於自由選舉的和平參與式民主——始終存在、正常運作，就像沉穩又緩慢轉動的巨輪。沒有完美的政府，但這是全美國人締下的盟約，造就並保障了我們的自由。

儘管暴動最終得以平息，國會領袖也在當晚認可選舉結果，但一月六日造成的破壞難以估算，彷彿美國精神頓時被硬生生撕裂。這件事帶來傷痛，陰影也確實存在。隨著就職日接近，緊張氣氛依然高漲。美國聯邦調查局（ＦＢＩ）發布公告，提醒各州政府防範更多暴力事件，五十州都處於戒備狀態。老實說，我十分害怕可能發生的事。

不過，我們面對恐懼與信念，顯然只能擇一，對我們這些坐在就職典禮台上見證新任總統宣誓的人如此，對於廣大的美國公民來說也是如此。我們會採取何種立場？即使大環境充滿變數，我們會為自己的民主挺身而出嗎？我們能保持冷靜和堅決嗎？四年前，我也參加過同樣的就職典禮，雖然我並不支持那位前總統、不信任他的領導能力，典禮過程也不開心，但我還是現身了，這是為了支持和尊重民主的歷程，藉此強化一個崇高的信念。就職典禮不過是行禮如儀，再次確認要致力於追求我們的理想，呼籲當選人要適應廣大選民反映的現實，接著繼續前進。

這次，我們面臨的風險之大前所未見。我們真的能無視大環境的紛擾，謹記我們的信念嗎？

數周前，我的長年服裝造型師梅瑞迪絲．庫普（Meredith Koop）幫我為就職典禮挑了一套衣服，既舒適又實穿，是梅子色的羊毛外套，裡頭搭配高領毛衣和褲子，再用超大的金腰帶繫起來。我挑了一雙厚底靴和一雙黑色手套，戴上口罩（想也知道），未攜皮包。在典禮開始前，我和巴拉克已聽取了多次維安簡報，當天出發前往國會大廈時，我們還算覺得放心，毋需顧慮人身安全。但為了以防萬一，我要奇娜待在家裡——她通常會陪我前往頒獎典禮，期間會在後台接待室等。

我握著巴拉克的手，走上了就職演說台，試圖展現出這個場合所需的魄力。我們就座時，我深吸一口氣，保持鎮定，前三次參加就職典禮也是如此。

我發誓，任何人都感受得到那天早上國家廣場（National Mall）氣氛中的各種情緒——緊張和決心、對於改變的殷盼、全球疫情帶來的焦慮、國會大廈暴動事件留給我們的陰影、對於我們未來方向的擔憂、嶄新一天的陽光。一切的一切都揮之不去，無人訴說、相互矛盾又令人不安。我們以歷史之名再次相聚。透過民主程序，我們再度有機會講述美國的故事，推動歷史的巨輪。但當時，尚未有人把真相付諸言語。

直到有一位女子站起身，朗誦自己的詩作。

阿曼達・戈爾曼那天的朗誦情感洋溢，聲音充滿了力量，她的演說技巧罕見地好，更別說她才二十二歲了。那天，她運用自己的詩句，讓原本委靡又悲傷的美國上下燃起希望。這首詩告訴我們：「**不要放棄，再接再厲**。」

下面節錄了這首詩最後登高一呼的段落。只要是詩，都值得我們大聲朗讀出來：

So let us leave behind a country better than the one we were left.
With every breath from our bronze-pounded chests,
We will raise this wounded world into a wondrous one.

We will rise from the gold-limned hills of the West!
We will rise from the windswept Northeast, where our forefathers first realized revolution!
We will rise from the lake-rimmed cities of the Midwestern states!

We will rise from the sunbaked South!

We will rebuild, reconcile, and recover . . .

詩作中譯：

就這樣吧，我們一起傳承給子孫更美好的國家，
一呼一吸都來自我們千錘百鍊的胸膛，
我們要一起幫世界療傷，讓它成為人間天堂。

我們要從山丘鑲有金邊的西部崛起！
我們要從先賢首創革命之地、狂風呼嘯的東北部崛起！
我們要從湖泊環繞的中西部崛起！
我們要從艷陽炙熱的南方崛起！

我們要重建、重整、重現家園……

她筆下這首詩重述了我們國家的故事，當時也正是需要記起美國人韌性的時刻。她用這首詩成功安撫了許多人的緊張，我想對許多人來說，那天她改變了現場的氛圍，宛如奇蹟般驅散了大量恐懼，不僅喚起了希望，還激發了勇氣。

直到後來我才知道，阿曼達·戈爾曼從小患有聽覺處理障礙，因此畢生都在與語言障礙對抗，導致她特別難發出字母「r」的音，一直要到大約二十歲時才能準確地說出自己的姓氏。現在，你可以回去重讀上面的作品，仔細留意每個「r」，想必會對她更加敬佩。

就職典禮後不久，我有機會訪問戈爾曼。她表示，她已不再把語言障礙視為殘疾，反而覺得慶幸有此障礙。多年來，她在發音上所面臨的難題確實是一大關卡，但這也促使她更深入探索與嘗試聲音和語言，從童年、青少年時期一直到現在是勇敢的年輕詩人。她為了克服障礙所付出的努力，逼著她發現了自己的新能力。

「有好長一段時間，我都認為這是一種缺陷，」[37]戈爾曼說，「現在我真的把它當成一種優勢。」她把看似弱點的殘疾轉化為獨特又實用的強項。這個伴隨她一生的障礙，讓她迥異於學校其他同學，也是大多數人眼中的劣勢，卻也造就了現在的她。

她在就職典禮台上動人朗誦時，我們所看到的是登峰造極的年輕女性。但那只是她生命中的一天、故事的一部分，而她想要確定大家了解她攻頂的過程。如今，戈爾曼成了大眾的焦點，是文壇公認的閃耀新星，仍努力強調自己的成功不是一蹴可幾，一路上她得仰賴別人協助，像是親人、語言治療師與許多老師。她對我說：「我想強調的是，這整整花了我一輩子的時間，需要整座村子的力量。」她是在歷經多年的小挫折和慢慢進步後，才達到最傲人的成就。她每發出一個「r」音，就向前邁進一步，而每邁進一步，她就更加明白自己的力量和能動性。她憑著練習發音獲得自信，也在過程中找到了自我優點的源頭。

如今她明白了，就知道如何加以駕馭，這永遠都是她可以使用的能力。此外，她還想攀爬其他許多高峰。

她表示：「對非白人的女孩來說尤其如此，我們都被當成曇花一現——好像一下就消失了。妳真的必須灌輸自己一項信念：我的本質與我在此的目的，絕對不是由這一刻來定義。我漸漸明白，自己不是曇花一現，而是年年報到的颶風，你們很快就會再見到我。」

我認識的許多成功人士，都學會如此善用他們的缺陷，當成是種磨練自己的管道。這並不代表最成功的人士都克服了每道障礙，或走到哪都是一片美好祥和之氣，而別人只看到壓迫的制度或難以逾越的高牆；這通常只代表了，他們實踐戈爾曼的詩作中對所有人的呼籲：**不要放棄、再接再厲**。

我周遭有許多聰明又有創意的人，正按部就班地累積實力和名氣，而且在許多情況下，他們已找到方法來駕馭而非隱藏自己與眾不同的特質。這樣一來，我們便會開始認知內在所有的矛盾和影響，正是這些部分讓我們獨一無二。我們要把「不同」正常化，我們要揭露人類多采多姿的面向，我們要幫每個人更自在地說出故事。

我很愛看天才喜劇演員黃艾莉（Ali Wong）脫口秀，她講話酸溜溜又會吐槽真相。黃艾莉第一次引起我的注意是在二〇一六年，當時她在 Netflix 上推出了一檔名為《眼鏡蛇寶貝》（*Baby Cobra*）的脫口秀特輯，裡頭的她懷孕七個半月，仍昂首闊步地站在舞台上，穿著緊身短裙、戴著紅色角框眼鏡，上演葷素不忌的獨腳戲，討論性愛、種族、生育和母性等話題，塑造的女性形象精采絕倫、大膽挑釁。她漂亮地展現自己生猛、性感又真實的樣貌——又拖著圓滾滾的肚皮，同時卻完全不感困擾。她把自己毫無保留地攤在觀眾面前，令人看得目不轉睛。

《紐約客》（*The New Yorker*）雜誌一位作家曾問黃艾莉，年輕喜劇演員若想了解喜劇圈的成功祕訣，她會給予哪類的建議？畢竟身為一名亞裔美國女性與母親，她仍然是少數中的少數。黃艾莉回答，對她來說，關鍵是不要把這些事當成障礙，她說：「你只要改變觀點就好，心想[38]『欸等等，我是女人啊，脫口秀演員大部分是男人耶！』你知道男人做不到什麼事嗎？他們沒辦法懷孕，這是**演**不出來的。所以我的態度是，把這些差異全部**當成工具**。」

我們的個人差異就是財富，也是工具，不僅實用、合理、有價值，更有必要分享。我們只要在自己與周圍的人身上體認到這點，便能開始改寫更多自認「不重要」的故事。我們開始改變對於歸屬感的思維模式，為更多人打造更多空間。一步一步來，我們可以減少因為缺乏歸屬感而造成的孤單。

我們面臨的難題是轉變觀點，肯定自己與別人差異的價值，把它視為進步而非退步、起身而非坐下、多說而非少說的原動力。這是不容易做到的事，通常需要大無畏的勇氣，而且無法保證別人可以接納。但凡是有人成功辦到，每次有人成功跨過空中鋼索，我們就會看到更多觀點開始轉變。一位亞裔美國喜劇孕媽逗得數百萬觀眾大笑時，無比重要；一位二十二歲黑人女性站起身，幾乎憑一己之力改變了全國氛圍時，無比重要；一位穆斯林成為執行長或跨性別者成為班長時，無比重要。我們感到足夠安全、可以勇敢地展現自己真實的樣子、想辦法公開談論自己一路走來的經歷時，無比重要。我們近年也看到，一旦有機會運用「我也是」（me too）這樣隻字片語來肯定勇敢的聲音、減少別人孤立感時，同樣無比重要。

這些故事都拓展了一般人對於可能性的認知，也加深了我們對人性細微部分的理解。正因為有這些故事，忽然間視野變得更加寬廣。我們所處的世界開始越來越大、越來越精細，真實反映世界本身大又微妙的本質。

不要放棄，再接再厲。這是很崇高的一句話，但我必須挑明隱藏其中的不平等。提升能見度的工作很辛苦，而且分布不均勻；其實一點也不公平。我恰好很熟悉既定形象的重擔，以及對於卓越設下的雙重標準，這類阻礙讓許多人設法翻越的山峰更加陡峭。我們對於遭邊緣化族群的限制太多，對於主流族群的要求太少，這仍然是該譴責的現實。

因此請牢記，我說要把障礙視為墊腳石、把脆弱視為優勢時，並不是隨便說說，我明白這一點都不簡單。

根據我過去的經驗，風險確實存在，我們仍需努力。不僅如此，許多人已對此感到心累、謹慎、害怕或悲傷，實屬人之常情。正如我先前所提，你所面臨的障礙往往是人為設置，是隱藏在體制和結構內部的地雷；這些體制與結構的權力只屬於部分人士，而非全民。你可能會因此覺得，實在有太多困難有待克服，尤其當你認為自己在單打獨鬥，更容易感到無力。我要再次提醒各位讀者的是，再小的行動、表示與方法都有力量，允許自己恢復氣力後重新出發。不是每個人都能像威猛的獅子或強烈的颶風，但這絕對不代表你的努力不算數，或你的故事不該說出來。

鐵錚錚的事實是，對許多人來說，失望在所難免。你可以拚了命地工作，在社會上有一定的能見度和相對的權力，但抵達目標時，你還是會感到心一沉。你也許能一路登上夢想的山頭——可能是一份工作、一所學校、一個機會——大器地承載著親友的希望和期盼，像超級英雄般一路抵抗周圍羞辱和他者的雜訊。攀登好不容易完成時，你精疲力竭、滿頭大汗地到達夢寐以求的制高點看到美景時，幾乎必定會遇到一台有冷氣的豪華遊覽車和一群完全不必自己爬山的觀光客，他們直接被載上一條銜接道路，野餐毯子早已鋪好，派對也在進行當中。

這種感覺有夠讓人洩氣。我曾親眼見過，也體會過相同的感受。

有時你需要深呼吸，重新穩住自己，而且也許得常常如此。你可能會環顧四周，不得不提醒自己，光是願意長途跋涉、負重前行，就比以往更加堅強、更加精實了。你可以告訴自己，至今不得不穿越的崎嶇道路反而讓你更加靈活，可能因此就會比較釋懷。

這仍然不代表一切就公平了。

但只要你有所付出，就具備了能力，沒人可以搶走，這些都是你的工具，永遠可以派上用場。我希望你一定要記住這點。

最後一件諷刺的事就是：無論你付出了多少努力、無論你有何成就，很可能會有人指責你走了捷徑，或認為你不配獲得成功。他們會固定拿一套詞彙來貼你標籤——**平權法案**、**獎學金小孩**、**性別比例原則或多元化招聘規定**——把這些當作瞧不起人的酸言酸語，背後的意思想也知道：**我認為你不配得到這些待遇**。

我只能說，毋需理會，別讓惡毒言語滲透內心。

以下的故事值得思考：大約二十年前，NBC高層決定把一部當紅的英國情境喜劇改編為美國影集。電視台聘請了八名編劇開始寫劇本，其中只有兩人不是白人，兩人之一碰巧是唯一的女性。她當時二十四歲，這是她第一份影集腳本工作，她焦慮得不得了。她不僅是雙重弱勢，也在努力克服另一層不自在感：因為她是透過NBC剛實施的多元化招聘管道才進來公司。她擔心，身為多元化招聘的員工，她不會被同事視為人才，因為進公司只是剛好符合某個需求。

這位作家後來在專訪中表示：「有好長一段時間，我真的覺得無地自容，沒有人提起這件事，但是他們全都知道，我非常清楚這一點。」[39]她把這種感受比喻成胸口刺著紅字，自己格格不入。[40]

她叫敏迪・卡靈（Mindy Kaling），該影集則是《爆笑辦公室》（*The Office*）。她最後在劇中擔任其中一名角色，總共演了八季；這段期間，她還寫了二十二集的劇本，超越其他編劇，更成為有史以來首位獲得艾美獎喜劇類最佳編劇提名的非白人女性。

卡靈現在經常自豪地談到，自己曾是多元化招聘而來的員工，她說這是個人故事深具意義的部分，必須讓人知道她現在的專業成就從何而來。這件事不該藏在心裡。她說，一旦她開始更了解同事們當初具備的優勢，以及同溫層建立和維護的制度中，靠著關係與白人男性特權所產生的人脈，才終於放下了原本的不自在感與自我懷疑。她說：「好一陣子後，我才意識到，自己只是得到了別人靠關係換來的機會。」[41]

她本來可以選擇退縮，但最後卻向前邁進。她忍受著作為「異類」的不適，不斷地辛勤工作，藉此替後輩打造更大的空間，容納更多故事與說故事的人。她真的靠著不斷寫作，寫出了能見度。從此以後，卡靈想當然成為了編劇圈的佼佼者，生節目、當製作、寫劇本，還主演了多部熱門影集和電影，主角幾乎都是非白人女性。她透過編劇工作，讓更多人有了歸屬感。

我們毫無保留地誠實分享故事時，常常會發現自己不再那麼孤獨，彼此的連結也比想像中更加緊密。我們為彼此打造了全新的平台。我在人生中不同時刻，都曾深刻地感受到這點，特別是在出版《成為這樣的我》後數個月，我真的感到自己的渺小。簽書會出席人數之多，莫不讓我吃驚，讀者都渴望交流我們彼此的共同點。他們也分享了自己的故事，個個掏心掏肺：有些人的父母也患有多發性硬化症，可以同理我的心情；有些人歷經過流產的痛苦；有些人的好友罹癌過世；有些人懂得何謂墜入愛河後，人生就此瘋狂轉向。

作家珍妮特·溫特森（Jeanette Winterson）主張：「語言是拾回之處，而不是隱匿之處。」[42]這對我來說無比正確。我分享內心深處的祕密，照亮一段段無比脆弱或失控的回憶，結果發現同溫層的範圍超乎想像。沒錯，那時我早已「出名」了，但出版回憶錄是另一回事。我從小到大的主要經歷早已由自己或別人講過多次，但我有了寫書的空間和心力後，加上數十年來首度脫離我先生活躍的政治圈，我發覺自己把過往遺漏的部分、更為私人的感受和經歷全寫了進去，這些都不太可能出現在維基百科頁面或雜誌簡介上。透過這本回憶錄，我把自己的裡裡外外攤在陽光下，放下以往的心防，我也意外地發現，別人也跟著迅速放下心防。

讀者興高采烈與我聊開的話題，幾乎都無關乎膚色或政黨傾向。我們的共通點似乎超越了這些東西——它們簡直相形見絀——而我們也不是探討奢華高貴或光鮮亮麗的話題。在新書發表會上，沒有人急著找我討論他們穿著舞會禮服、與參議員互動或參觀白宮的經驗，也沒有人在乎我的專業生涯或成就。

我們反而會在某些事物上產生共鳴，例如多少人小時候堅持吃東西必加花生醬、多少人長大後難以找到適當的職涯、多少人駕照路考兩次才過、多少人家中狗狗無法訓練在家中大小便、多少人的另一半是氣死人的遲到大王。我發現，正是身而為人的平凡瑣碎，搭起了我們之間的平台，先看到共通點，而不是彼此的差異。我早已不曉得有多少次在全美各地的城市中，遇到女子上前來緊緊抓住我的手，看著我的眼睛說：「妳記不記得說過以前午餐休息時間，都會把車停在購物中心，坐在裡面吃一碗墨西哥烤雞，當作獨處時間？我**完全**懂這種感覺，我也是過來人耶。」

我與讀者所產生的每個連結，讓我感受到某種理解的可能性，這遠遠超越了我們的相似之處。因為事實是，無論我們共通點為何，我們仍然還有許許多多差異。我們並不一樣。你我都無法真正知曉彼此人生和感受最幽微的樣貌；我永遠無法完全理解來自圖森、越南或敘利亞人民的感受；我也無法確切曉得等待軍事派駐、在愛荷華州種高粱、駕駛飛機或對抗毒癮的確切感受。身為黑人女性，我當然有自己的種種經歷，但這並不代表我就明白其他黑人女性的經歷。

我只能設法靠近你的獨特之處，感受我們那些微小的交集。這就是同理心的原理，也是從相異之處開始融入相同之處。同理心填補了我們之間的差距，但絕對無法完全加以敉平。我們之所以貼近別人的生活，是因為他們展現了能安全示人的部分，以及我們願意大方以對。這樣點點滴滴累積，貼近一個個人的故事，我們便開始更完整地理解這個世界。

我認為我們最能做到的事，真的就是走到橋的一半等另一人，並且懷抱謙卑的心，接納相互理解的機會。我以前晚上陪著莎夏和瑪莉亞睡覺時，便常常思考這個問題。我看著女兒們漸漸入睡，雙唇微微張開，小小胸口弧線在床單下起伏。我這才發覺自己無論再怎麼努力，可能都無法了解她們一半的想法。我們都是孤零零的個體，這就是身為人類的痛苦。

我們需要找到機會在彼此之間建立理解的平台，但即使是享用花生醬和墨西哥烤雞等共同體驗，頂多也只能讓我們走完一半的路。這並不是要你全盤托出自己所有祕密，也不意味你得公開做轟轟烈烈的大事，不必真的出版一本書或錄製 podcast 節目。沒有人要你揭開內心每個痛苦瘡疤，或說出腦袋裡每個念頭。也許有段時間，你只是單純傾聽，也許你會成為別人分享故事的樹洞，覺察自己善意地接納別人故事後的感受，也記得當他人勇於誠實分享故事，務必維護對方尊嚴；誠信與溫柔地對待朋友分享的故事；保守別人祕密，拒絕八卦流言；讀一些觀點不同於你的人所寫的書，聽聽你從未聽過的聲音，尋找以往不曉得的故事。透過陪伴這些人，你可能最終會更容易接納自己。

身為人類的痛苦無法消除，但我認為可以減輕痛苦。我們只要逼自己不再害怕分享，更願意傾聽，還有彼此完整的生命故事兩相結合時，一切就於焉展開。**我看到了一小部分的你，你**

看到了一小部分的我。我們不可能窺見全貌，但當熟人依然較好。

無論何時，我們與另一人交流時，覺得某個片段似曾相識，我們其實是同時肯認了兩大真相：我們都很孤單，卻又都不孤獨。

▲二〇〇八年美國民主黨於丹佛舉辦的全國代表大會。

第9章 我們的武裝

每當我進行重要演說時，都會設法在上台之前就把稿子背下來。我提前好幾周排練和準備，不敢抱持碰運氣的態度。我第一次在全國觀眾面前進行電視直播演說是二〇〇八年，在丹佛百事中心（Pepsi Center）的民主黨全國代表大會上發言，正值電視晚間黃金時段。當時距離總統大選只剩幾個月，我和巴拉克還在設法讓民眾認識我們，現場卻發生了一件小意外。

那天晚上，我哥克雷格是暖場的來賓，精采介紹了一番後，便請現場觀眾歡迎「我的小妹，美國未來的第一夫人，蜜雪兒．歐巴馬！」

我從側台走出去時，觀眾爆出如雷掌聲。在走向講台的半路上，我與克雷格擁抱了一下，內心緊張不安，但知道大哥會說句鼓勵的話當作定心丸。但克雷格用雙臂摟住我時，卻把我拉得特別近，嘴巴貼在我耳邊，確保我在歡快音樂和二十多萬人喧鬧聲中聽得到他的聲音。我等著他幫我加油，說聲「妳沒問題的！」或「以妳為榮啦，老妹！」但他卻靠著我悄聲說：「左邊的讀稿機**壞了**。」

我們鬆開彼此時，我和克雷格都向對方展露誇張的笑容，一副**超棒，現在是全國電視直播耶**的模樣。與此同時，我的腦袋在高速運轉，努力在消化他那句話。我向講台走去，朝著人群揮手，卻感覺自己快要飄離身體了，同時不斷在想：**他剛才說什麼？**

我在麥克風前站定位，努力鎮定下來，藉由拉長的熱烈掌聲讓自己冷靜一下。我向左邊瞄了一眼，立即解開謎團。

兩台讀稿機中，有一台因為技術問題故障，代表每當我朝左側望去時，都看不到講稿投影在讀稿機的玻璃螢幕上，而架設讀稿機的目的是要幫助我穩定節奏和保持語速。如今螢幕一片空白。我當時站在那裡，全國電視正在直播，心想自己要連續演說十六分鐘，中間沒有暫停也沒辦法求救。那一瞬間，我感到無比孤獨——同時也極度無助。

我一直保持微笑，不停地揮著手，一直想拖延時間，設法穩定焦慮的情緒。這時，觀眾全都站了起來，繼續呼聲鼓勵。我迅速看向右方，確認右側讀稿機至少還在運作。我心想：**好吧，剩一台。**

我想起來自己還可以仰賴另一個儀器，它叫作「信心螢幕」（confidence monitor），安裝在會場中央的大型數位螢幕，位置略高於觀眾，剛好在一排即時轉播的網路新聞攝影機下方。這個螢幕就像讀稿機一樣，運用超大字體滾動顯示講稿，讓我能在看著稿子的同時，眼神直接面對攝影機。當天稍早，我們在空曠的會場排練過一遍，當時一切都很順利。

我知道差不多該開口了，便放眼望向前方，想藉由會場中央的信心螢幕消除擔憂。

這時我發覺，我們還有另一個問題。

在我出場之前，民主黨印製發放了成千上萬漂亮的藍白相間手牌，上頭字樣是「蜜雪兒」。現場看起來有三分之一的觀眾，都在把手牌舉過頭，用力地揮舞。但也許是為了防止有人被打到，手牌設計成垂直狀而不是水平狀，所以每個都很細長、約數英尺，整體呈窄板長方形，還有一支長長的把手。

但似乎沒人預料到，一旦觀眾離開座位，舉起手牌表示支持，這些一條條標語就形成了巨大搖擺的圍欄，又高又密，擋住信心螢幕顯示的句子。我幾乎一個字都看不見。

人生教會我的一大重要課題，就是隨機應變和做好準備看似矛盾，但其實是一體兩面。對我來說，做好準備便是我武裝的一部分。凡是面臨感覺像考試的事，我都會事先計畫、排練、做好功課，這有助於我在龐大壓力下較能冷靜思考，知道無論臨時有何變化，一定會找到解決方法。凡事條理分明和做好準備，就能讓我更加踏實與篤定。

正如我在《成為這樣的我》一書中所寫，克雷格過去經常要全家人進行嚴謹的定期消防演習，確保一家四口知道那間小公寓每個逃生出口，確保我們演練打開不同窗戶、找到滅火器位置，我們甚至可以視情況把父親虛弱的身體抬下樓。這一切在當時看起來有點誇張，但我現在明白為何這件事無比重要。前文也提過，克雷格生性就杞人憂天，他藉此能把個人憂慮轉化為更能具體執行的步驟。多虧了他，全家人行動更為敏捷。他告訴我們每一條逃生路線、每種可能的保命方式。他不僅希望我們知道所有選項，還要我們練習使用每項工具，若災難發生才有不同的應變方式。我一直謹記這個教訓。做好準備是避免恐慌發作的良方，恐慌本身會讓你陷入災難。

在丹佛那個晚上，我仰仗的是自己絕對可以指望的東西——接下來八年內我一再仰賴它——那就是我自己的準備工夫。經過幾周精心又略帶焦慮的準備後，我成功地武裝起自己，不顯露驚慌的神色。我早就把那篇講稿的字字句句都背下來排練好了，根本瞭若指掌。我花了好幾個小時來擬稿、練習，反覆推敲字句，直到每行流暢相接、韻律讀來自然輕鬆——真真實實地反映了我的內心感受。在那個脆弱又無助的時刻，我還有最後一層保護：我早就演練過了。我可以不再煩惱故障失靈的設備，而是依靠我腦袋裡和心裡的想法。結果證明，我早就備妥一切。即使當時心情如熱鍋上的螞蟻、又有數萬人在觀看，即使讀稿機出了問題、信心螢幕被一大堆揮舞的手牌擋住，我仍然演說了十六分鐘，全程一字不漏。

我從很小的時候開始就喜歡成就感，也喜歡突破難關、鼓勵自己戰勝恐懼的感覺。我想過著了不起的人生，儘管我不懂「了不起」的意涵，也不知道出身芝加哥南部的孩子要如何實現。我只知道自己想訂下崇高的目標，想要出類拔萃。

我像許多孩子一樣，對於各種先驅、探險家、跨越障礙和挑戰極限的故事十分感興趣——凡是挑戰極限或突破現有框架的人士，我都著迷不已。我去圖書館借了許多書籍，講述愛蜜莉亞・艾爾哈特（Amelia Earhart）、威瑪・魯道夫（Wilma Rudolph）和羅莎・帕克斯（Rosa Parks）等人的故事。我超崇拜長襪皮皮（Pippi Longstocking）這名虛構的紅髮瑞典女孩，她帶著寵物猴子和裝滿黃金的皮箱航行了七大洋。

我晚上睡覺時，腦海還迴盪著那些旅途的場景。我希望拓展固有的邊界、打破原有的限制，但我也不是一派天真。小時候我就發覺，社會對於我這樣的孩子，老是存在著一套非主流的敘事。我已能感受到外界普遍不抱期待，亦即身為來自勞工階級社群的黑人女性，社會並不期待我能闖出一番名堂或達到很大的成就。

這樣的氛圍不僅存在於我的學校內，也遍及我居住的城市與國家。說來奇怪卻又符合現實，而且我相信驚人地普遍：小時候你曉得自己很聰明，能有各式各樣的優異表現，但同時又發覺世界上多數人對你抱持截然不同的看法。這樣的出發點實在艱困，可能會滋生某種絕望感，需要一定程度的警覺心。早在一年級時，我們學校就把學生分成不同的「學習小組」，挑出少數成績優等生，讓他們接受進階的課程，但任憑其他學生成績落後，也投入較少教學資源，讓他們淪落至教育體系的底層。我們當時可能還太年輕，無法清楚表達周遭發生的事，但我想許多人都有類似的感受。你發覺，只要犯了個錯、出了小紕漏，或家庭問題導致難以專注學業，就可能立即被永久地分配到資源不足的小組。

你是在這種環境下長大的孩子，便可以明顯地感覺到自己的機會很少，而且往往稍縱即逝。成功就像一艘救生艇，必須奮力地去爭奪；追求卓越則是要設法不被滅頂。

幸好，年輕時的抱負通常純粹得令人心癢，有著無比活躍的信念，認為不管環境好壞，都沒人可以阻擋自己，相信自己絕對有本事。你的內心有著夢想與原動力，像火焰般熊熊燃燒。這就是前文提到的少女蒂芬妮要表達的意思，她大聲宣告：「我想跟碧昂絲一樣稱霸歌壇，還要**更厲害**。」

然而，無論夢想是進入某個專業領域、站上大型舞台表演、推動實質的社會改革等等，人生到了某個時間點，夢想難免會漸漸複雜起來。我們很快就看到了不同限制，障礙冒出來、反對人士現身、不公不義阻擋前路、現實顧慮往往跟著顯現，像是資金吃緊、時間越來越少、必要的取捨越來越多等等。只要去問那些已在半路上的人就知道，前往最終目標的路上，幾乎必定會開始覺得，自己好像在打一場硬仗。

這時，行動的敏捷就變得非常重要了。你必須開始攻守兼備，逼著自己前進的同時，也要加倍努力保護個人資源，朝著目標前進，但要避免耗盡力氣。這整件事可能一下子就複雜起來。你也需要懂得武裝自己。我發現，假如你想破除障礙、推倒壁壘，就需要找到自己的界線並加以保護，邁向目標的同時要留意自己的時間、精力、健康與精神。這個世界其實充斥著邊界和限制，有些難以跨越，有些必須跨越，有些最好完全摧毀。許多人終其一生都在努力分辨，哪些障礙要跨越、哪些不必跨越。

重點在於，想在這趟英雄之旅倖存下來，必定要有防禦機制。想要過了不起的人生，難題就是找到方法來保護夢想和原動力、保持堅強又不過度警戒、保持靈活且願意成長，讓別人看到真實的你。這正是在學習如何呵護自己的火焰，卻又不至於遮擋了光。

數年前，我認識一位名叫泰恩（Tyne）的年輕女子，聰明又健談。她在出版業工作，與一群同事造訪我們在華盛頓的辦公室，討論我對於這本新書的想法。

在那次談話中，泰恩提到了讀完《成為這樣的我》後，她特別難忘的一件事。這是一段簡短的小故事：我在回憶錄中提到，自己首次以第一夫人的身分訪問英國，參加白金漢宮的招待會，對話時感受到片刻溫暖，我本能地伸出手來，親切地把手放在英國女王的肩膀上。當時已八十二歲高齡的女王似乎絲毫不在意。她的回應是用手臂輕摟我的背，但我們的互動被攝影機拍了下來，並迅速在英國新聞界引起轟動，成為全球各地的頭條新聞：「蜜雪兒・歐巴馬居然敢抱女王！」外界批評我有失禮數，公然違反王室規矩，顛覆傳統秩序。這句話背後的意涵清清楚楚：我侵門踏戶，不配與王室來往。

我先前壓根不曉得自己不能碰觸英國女王。在剛當上第一夫人頭一年，一切都好陌生，而身處陌生的宮殿之中，我一直在努力做好自己。

這個故事在整本回憶錄中只佔不到一頁，卻一直留在泰恩的腦海裡。為何如此？因為她讀得出字裡行間的意思。身為非白人女性，她明白我們都得一再面對的難題：亦即身處自己是少數的環境，仍要設法感到自在。

對她來說，任職於出版業——傳統上由白人主導的領域，反映白人關注的議題——象徵意義無異於受邀參加白金漢宮的宴會。我們都曉得其中的不自在感，受到的限制隨處可見。這些地方有滿滿的不成文規定和深厚傳統，對於初來乍到的人是很困難（甚至無法理解）的學習歷程，而且沒有任何輔助工具可供參考。實在有太多蛛絲馬跡一再提醒，我們其實無法真正融入，之所以出現純屬實驗性質，而且條件是要符合外界對於良好禮儀的觀念。這點不必大聲嚷嚷，因為歷史軌跡不可磨滅：先前有好長一段時間，我們這樣的人通常不得其門而入。

我這些年的心得是，即使你已成功進入主流圈內，身為局外人的感覺仍揮之不去。有種緊張感會一直伴隨著自己，宛如濃霧般久久不散。有時你會忍不住納悶：**這一切何時才會變得輕鬆一點呢？**

我們有許多人為了生存而學會了「角色切換」，改變我們的行為、外表或說話方式，以便融入我們的職場文化。小時候，我就發覺了角色切換的必要，就像許多孩子一樣，把這個能力當作生存工具。父母不斷向我們灌輸他們學到的所謂「恰當」用字遣詞的重要性，例如我們要說「aren't」而不是「ain't」。但我把這類措辭帶回自己的鄰里街坊，其他孩子很快就會批評我，指責我「傲慢」或「說話像個白人女孩」。我真的不想被排擠，所以會調整一下用語，表現得更像那些孩子。後來，我進入普林斯頓和哈佛等名校就讀，努力依靠所謂的做作措辭，設法融入周遭同學的生活，一心想避免成了刻板印象。

時間一久，我越來越善於解讀我所處的環境，從周圍尋找各種蛛絲馬跡。我幾乎是下意識地想辦法改變自身行為，以順應當下的氣氛和場合，包括我在芝加哥市政府服務期間藍領非裔女性參加的當地會議、全場皆是有錢白人男性的公司董事會會議，或是後來覲見英國女王皆然。我的溝通方式變得豐富多元，時常流動，這有助於我能與更多人連結，跨越族群、性別和階級的分界。對此，我並沒有想太多，因為過去大半輩子，我一直都覺得自己別無選擇，必須做出相應的調整。

就此來說，角色切換一直以來都是黑人、原住民和有色人種（BIPOC）的生存能力。雖然這通常是對負面刻板印象的回應，但其實也可以充當某種護照：我把這個能力當成讓自己進步的方法，藉此跨越更多邊界，進入我原本不可能現身的場域。

然而，一味把這類做法常態化，或視其為通往公平的永續之路，也有不利之處。許多人反彈的不僅僅是得不斷自我調整的壓力，還有根本的不公平條件，尤其是這些調整需要隱藏或矮化個人種族、族群或性別身分，只為了順利在職場升遷或取悅主流族群，就顯得太不合理。我們得付出哪些犧牲？這樣是替誰服務？我們是否為了讓人接納，因而做出了太多妥協，或否定了真實的自我？這自然帶出一個有關共融的重要問題：真正需要改變的明明是職場環境，為何每個人非得努力改變自己？

問題是，這些都是艱難的問題和複雜的社會議題，許多面向有待處理，尤其是我們大多數人其實只是想撐到下班。角色切換可能會讓人筋疲力盡，但挑戰根深柢固的偏見也是如此，就連穿你覺得舒適的衣服，或頂著自然髮型去上班等等看似簡單的事，可能都難關重重。選擇本身可能得付出高昂的代價。

那天在華盛頓，泰恩說儘管她工作多年、經歷數次升遷，有時在職場仍覺得自己像外國人，努力剖析不時顯得陌生的職場文化。她表示，自己經常得評估人際的界限，感覺自己受接納的程度，取決於是否有能力順從別人的規範——也許是不要表現得太像「局外人」。她表示，自己一直在有意識地克制自己在工作上切換角色，希望能放下身為白人場域中黑人女性的不自在感。她希望，若她少花點時間擔心違反潛規則，努力貼近真實的自己，可能反而會對職涯產生助力。不過，她也在權衡其中風險，因為她明白，像她這樣的人，任何不經意的行動都很容易被視為是僭越。

她語氣略帶疲倦和幽默地說：「我每天上班的時候，都好像是在決定要不要去擁抱女王。」

從那時起，我常常反覆思考泰恩那番話，深深受到該隱喻的震撼。她所說的狀況並不陌生，我的職涯至今也一直與之抗衡，這類似於我許多朋友在職場環境中所感受到的緊張，即設法在一連串無形界線中找到方向，並釐清「主動」和「僭越」兩者差異所伴隨的挑戰。

就像泰恩一樣，他們覺得自己權衡著放下部分武裝的好處與風險，只想充分地讓自己被看見與聽見。**我在遵守誰的遊戲規則？我的戒心應該要有幾分？我要多果決？多真實做自己？**在許多情況下，他們都在釐清自己是否能在職場中撐下去——是否找得到足夠空間來成長茁壯，以及隱藏或擔憂太多是否最終會讓自己士氣低落、精疲力竭。

多年前，我開始踏上公司法這條路時，認識了辦公室內的女主管，她們在那家大型國際事務所已成為合夥人，但這通常是相當不容易的成就。她們花了好多年往上爬，設法打進幾乎完全由男性打造、鞏固和保有的權力結構，這段歷史可以追溯到一八六六年，當時事務所是由兩名美國內戰老兵所創立。這些主管對我始終展現著歡迎與支持，真心協助我成就自己。不過，我也不禁發覺，她們散發著先驅者特有的豪邁氣質。

這些女性大部分都無比堅韌，永遠都時間緊湊，在辦公室態度一絲不苟。我鮮少聽到她們聊到自己的家庭。就我印象所及，沒有人曾匆匆離開趕往某場少棒聯盟比賽，或需要帶小孩去看兒科醫生。公私之間界線嚴明，她們全副武裝，私生活奇蹟般地隱藏起來，幾無溫暖交心的空間。真要說起來，她們的優異表現近乎鋒芒畢露。我剛接下工作時，就注意到幾位女性上司似乎在謹慎地打量我，彷彿在想：**她能吃苦嗎？**她們在默默評估我的法律專業能力和敬業程度是否符合她們的標準，是否追得上她們快速的工作步調，從而不損及事務所內女性員工的地位。當然，在不是為女性而建造的城堡內，這是身為「少數」的不幸面向。女性成了集合名詞，這容易帶給每個人壓力。我們是命運共同體。**假如妳出包了，就會拖全部女性下水**。每位女性員工都深知其中的利害關係。

這些女性合夥人想要傳達的是——實際上**不得不傳達的是**——她們的標準遠遠高於公司內其他人。她們已拚命進入了男性的場域，受人接納卻似乎永遠都有條件，好比一直得證明自己屬於這裡。

身為一名年輕女律師，我記得在《紐約時報》上讀過一項調查，該調查記錄了律師——尤其是女律師——在工作中感到疲勞和不滿的程度。這讓我思考起一連串心煩的問題，想到當時我職涯剛起步所投入的一切、申請過的所有就學貸款、一路累積的所有工時等等。我必須思考，自己想要的未來面貌為何？我願意接納或忍受多少痛苦？我是否有責任樹立完美的榜樣和追求卓越，只為了證明自己夠格擔任本屬男人的職位？我有何種力量來改變服膺上述規範的文化呢？在那個領域內，我又能喚起多少心力來與之抗衡呢？

整體來說，那些女性在公司法的領域開闢出一條道路，但她們過的生活當時我並不羨慕，她們做出的犧牲我也不確定自己是否願意。但我光是能親眼看到這些貢獻，感受到自己可以選擇想要的生活，多半要歸功於她們付出的辛勞，以及她們穿上的武裝。這些女性首當其衝，突破了一道道之前被鎖上的大門，鋪上一條康莊大道，讓新一代女性可以較輕易地視情況評估現狀、推動改革或暫時撤退。我現在能有發聲的平台，就是她們當初一手打造。

一般人很容易批評過去祖先所做的選擇，不滿他們做出的妥協，或認為他們需要為了未能推動改革而負全責。老一輩人所穿的武裝，在年輕人眼中往往僵硬又過時，但我們務必要把歷史脈絡納入考量。如今，越來越多黑人女性可以自由地把個人審美觀帶到職場，可以頂著辮子頭去上班，或年輕人可以毫無顧忌地展示刺青穿環或染髮，或女性在職場中有哺集乳室可以安心使用，凡此種種都與許多前輩的努力有很大關係，像是我的律師事務所女性合夥人便是如此。她們必須負重前行來證明自己，好讓後世最終可以稍微不必如此費力。

最終，我畫出了一條適合自己的界線，冒險離開了律師業，繼續尋找具有不同治理規範的職場環境，至少工作之餘能讓我偶爾溜出去看孩子的舞蹈發表會或帶孩子看醫生。我離開了法律業，因為我深知換個地方工作會更有熱情，也更有效率。但我在那家律師事務所獲得的指導，尤其是資深女性主管給予的提點，正是我後來需要帶進白宮的東西。她們幫助我學會仔細思考如何慎選戰場、管理我自己的資源。她們也教會我，即使只是開始改變思維模式，你也必須要能保持刀槍不入，強化專業紀律，拚命工作。

這一切都不理想，卻是那個當下的現實。就某些層面來說，這也繼續幫我認識所謂開疆闢士的人生，確認了我在普林斯頓和哈佛法學院所學——並不是指書本學習，而是身為雙重少數的經歷、身為圈外人卻在圈內走跳的經歷；你必須保持武裝，行事敏捷，時時堅韌才能全身而退。

我相信，每個人幾乎都至少帶著一點武裝去上班，這是人之常情，而且多少是成為專業人士的守則：你的任務是把比平時更堅韌、更強大的自己帶到工作中。你不輕易顯露自己的脆弱，各種爛攤子大都留在家裡。你謹守著人際分界，指望同事和老闆亦如是。畢竟，你上班是為了工作，而未必是為了打造一輩子的友誼，或解決自己或他人的私下問題。無論是教育國中生、經營一家健康中心、做披薩還是經營科技公司，你都應該為更大的使命做出貢獻，執行紀律，把多數個人情感存放別處。工作成為你的焦點、你的義務、你領薪水的理由。

然而，凡是涉及人的計畫都無法一刀切乾淨，界線不可能一直涇渭分明。全球疫情進一步推倒了許多壁壘，暴露出我們之間更多的差異與真相，有時會產生助益，有時則適得其反。我們設法開視訊會議時，家中學步兒可能會爬到我們腿上，背景則是我們清到一半的廚房；還有許多人在繼續努力辦正事時，得忍受旁邊螢幕上的狗吠與大聲喧嘩的室友。我們看到工作與生活的分界益趨模糊，各種雜亂更加清晰，一切的一切可能凸顯了一件改不了的事實：我們是無法控制的完整人類，擁有無法控制的完整人生。我們的爛攤子有時會跟著我們上班，我們的脆弱浮現、擔憂外溢；我們的性格都難以定型，更不用說周遭人們的性格了。

我適合這份工作嗎？我的工作適合自己嗎？我可以做出哪些調整？我能合理期待周遭的人做出哪些調整？我們到底能否展現人情味？底線又在哪裡？我該與誰交流？我該如何應對？這些似乎都是泰恩那天在思考的問題。

我從過去的經驗知道，外在的武裝往往可以成為助力——部分武裝或許永遠不可缺少——但我也認為，在許多情況下，武裝可能扯人後腿，或至少讓人心累。你的武裝太多，心防太高，時時處於備戰狀態，反而會拖慢效率，干擾行動與流暢度，妨礙工作進展的能力。你躲在面具後面時，可能甚至會與真正的自己疏離。你努力保持無堅不摧的同時，可能會錯過打造真正專業關係的機會，而這些關係才能幫助你成長、進步和發揮你一身的工夫。凡是把身邊的人想得很壞，他們也更可能把你想得很壞。我們的每個選擇都有相應的成本。重點是，假如我們花大量時間擔心自己如何適應又是否格格不入——假如我們必須在職場上不斷地扭曲、調整、隱藏和保護自己——恐怕會失去展現自己最真實、最優秀面向的機會，難以充分表現自我、累積成果和發揮創意。

這就是感覺被異化的銷磨與困頓。我們多數人都在花費寶貴的時間和精力拿捏這些重要的界線，以及「主動」和「僭越」之間難以細分的差異。我們必須認真思考自己的資源，以及我們運用資源的方式。我在會議上發表個人看法安全嗎？是否可以藉由我的不同，提出一個觀點或解決問題的可能方案呢？我的創意會被當成以下犯上嗎？我的觀點會被認為是有失尊重或無端質疑既有規範嗎？

二〇〇九年我搬到華盛頓時，對於入住白宮的生活仍屬陌生，但我還算明白展開一份新工作有何感覺。

那時我早已換過多次工作，也曾在我不同管理職位上督導過許多新員工。在法律、市政府、非營利組織和醫療產業都待過後，我明白一個人不可能突然空降一個新職位，就期待這個職位完全適合自己。在學習和適應新工作的過程中，你必須好好調查，稍作休息，進行策略思考。換句話說，你必須得遵守遊戲規則，再開始考慮重新制定規則。

我以前寫過，當上美國第一夫人是很詭異且影響力大到很詭異的「非工作」。這份工作沒有薪水、沒有主管，也沒有員工手冊。一輩子任務導向的我，決心要確保自己把事做好，而且要做好萬全準備。巴拉克當選總統後，我立刻開始努力了解民眾對第一夫人的期望，以及如何才能把這份工作盡量做好，同時又努力把自己的精力和創意投入其中。我心想，只要我當好第一夫人，也許可以改變民眾對於這個角色的既定思維。

我做的第一件事，就是請新任幕僚長日復一日、周復一周地查看蘿拉．布希（Laura Bush）的官方行程，列出她出席過與籌辦過活動的清單。我打算在頭一年專門仿效蘿拉做過的一切，同時開發出屬於我自己的一套優先要務與計畫，推動符合個人理念的倡議。與此同時，我不走任何捷徑。這其實是保險起見，可以當成另一種工具。身為擔任第一夫人的首位黑人女性，我明白自己將走的鋼索有多危險；我很清楚一件事實，那就是我必須爭取社會大眾的認可。這就代表我需要多加凸顯自己的優點，百分百確保民眾明白我有能力履行前人的每項職責，這樣我就不會被批評為懶惰或不尊重這個角色。

事實證明，第一夫人的許多責任都是累積而來，動輒就有逾百年的歷史。這些都沒有記錄下來，一切的期待都自動融入這個角色。我需要主持一系列活動，從國宴到一年一度的復活節滾彩蛋。我每年都要和來訪政要的夫人們喝下午茶，以及提供為節日布置的構想。我也可以選擇自己想支持的理念，關注自己感興趣的議題。

我沒有預料到的是，伴隨這個身分而來的某些期待其實更不明顯，而且鮮少有人提及。我們在準備參加巴拉克的宣誓就職儀式時，我得知前四位第一夫人在就職當日都拿著同一名紐約設計師的高級手提包。我也得知，設計大師奧斯卡．德拉倫塔（Oscar de la Renta）老愛提到自貝蒂．福特（Betty Ford）以來，自己便替每位第一夫人設計禮服，這代表他也預期要幫我進行設計。其實沒有人堅持要我做同樣的選擇，但這些期待似乎真的不言自明。

我和巴拉克搬進白宮這棟滿載歷史的建築，擔任具有歷史意義的角色時，總覺得一切是以特定方式運轉，就連某些小小的傳統也是種榮譽，一代延續一代的優雅風格。凡是不從善如流，似乎都顯得有些傲慢。而若你是在美國長大的黑人，就會知道被貼上傲慢的標籤所伴隨的危險。

在就職典禮那天，我沒有拎著過去指定品牌的手提包——還等了六年才穿奧斯卡．德拉倫塔設計的衣服——而是選擇利用我的曝光機會，幫助展示沒沒無聞的設計師的才華。這些都是我自認很安全的判斷，我也很樂意畫出界線，部分原因是這些攸關我個人的外貌、我自己身上的穿戴配件。然而，我仍然小心翼翼地經營著個人形象、用字遣詞、計畫方案等。我審慎地思量每個選擇，留心任何恐會僭越的風險。在部分人眼中，我們成功入主白宮是件翻天覆地的事，顛覆了既定秩序。我們明白，假如我們想向前邁進，就需要謹慎看待我們爭取來的信用，絕不任意揮霍。

巴拉克所繼承的施政作為，剛好包括兩場混亂的對外戰爭，以及依然嚴重的經濟蕭條。白宮西廂的公關團隊明確表示，他的成功至少部分與我息息相關（**若妳搞砸了，民眾就會覺得整**

個執政團隊搞砸了）。我的任何失言——任何招致批評的出包、言論或專業舉動——都可能會降低巴拉克的支持率，進而削弱他對於立法者的影響力，破壞他在國會通過重要法案付出的努力，這當然也可能導致他無法連任，接下來又會害團隊中許多成員失去飯碗。不僅如此，我還發覺若第一位非白人總統執政失敗，或以其他方式出局，可以想像以後非白人候選人將被拒之門外。

我走在路上，腦海裡迴蕩著這些提醒。無論是我接受記者訪問，或以第一夫人身分發起新的倡議，或走到民眾面前，瞥見一整片手機鏡頭的海洋，這些高高舉起的小鏡子打造出來的個人印象，凡此提醒都揮之不去。

然而我明白，若我對這些事過度擔心，就永遠無法做我自己。我必須在外界擔憂和個人擔憂之間畫清一條界線。我必須相信自己的直覺，記住自己的初心，避免因不自在而不懂變通，避免因焦慮或防衛而過於武裝自己。我努力讓自己保持敏捷，時而謹慎、時而大膽，兩者我皆不陌生。我信奉的人生哲學是從小到大在歐幾里得大道所習得：做好準備和適應能力，絕對要比恐懼先行。

然而一直以來，我都在抗拒另一個標籤，這個標籤更為狡詐，我卻似乎難以擺脫。

▲我發現，花時間陪伴孩子們，是面對不公不義、恐懼或悲傷等難題的最佳良藥。

巴拉克競選總統時，我很快就學到了一個令人痛心的教訓：刻板印象可以被重構成某種「真理」。我在公開場合替他造勢的次數越多、變得越有影響力，就越常看到我的言行舉止被人操弄和誤讀、話語遭到曲解、臉部表情成了滑稽卡通。我對於巴拉克競選美國總統的強烈信念，認為他能為國家做出貢獻的想法，一而再、再而三遭譏為有欠體面的憤怒。

若你真的相信部分媒體塑造的形象和右派的胡言亂語，我根本就是徹頭徹尾的噴火巨獸，皺著眉頭來回踱步，內心永遠充滿了憤怒。遺憾的是，這恰好吻合最近職場研究中觀察到的普遍深植人心的看法：[43]若黑人女性表達了類似憤怒的情緒，一般人更有可能視其為平時的人格特質，而不去深究是否可能為外在處境所激發，這樣自然讓黑人女性更容易遭邊緣化，不被當成一回事。無論妳做任何事、採取任何行動，都可能被視為越界，甚至可能會被斥為站錯邊了。一旦被貼上了標籤，所有脈絡也一律遭抹除：**氣噗噗的黑人女性！妳就是這副德性！**

這很類似「ghetto」（貧民窟）一詞被用來形容特定地區，如此排擠既快速又有效率，反映出內建的偏見，警告其他人退避三舍、恐懼地逃離、投資也要換個地方。這忽視了你的財力、生命力、獨特性與潛力，硬生生把你放逐到社會邊緣。若你處於社會邊緣而滿腔憤怒會發生什麼事？若你住在貧窮沒落的地區，導致行為舉止無異於走投無路的亡命之徒，又會發生什麼事？這樣一來，你的行為只會證實並加深刻板印象，進一步把你困在其中，你的任何辯駁都失去合理性。你可能發現自己無法發聲，遭到忽視，按照別人安排好的失敗劇本走。

這種感覺差到不行，但我完全可以體會。

身為第一夫人，無論我外表有多冷靜、工作有多認真，我被塑造成凶狠又易怒的女性，因而不值得尊重，這個形象有時感覺難以抹除。二〇一〇年，我開始公開談論美國兒童普遍肥胖的問題，提倡我們做些相對簡單的改變，好在學校提供更多健康食物；結果，一群知名保守派名嘴抓住了先前的刻板印象，直接拿來大做文章。他們把我描繪成不自量力、揮舞拳頭的破壞狂，一心想摧毀孩子們的幸福，明明不是我職責範圍卻多管閒事。他們語帶暗示地說我打算把吃炸薯條的人送進監獄，還說我在推動政府強制的飲食方式。陰謀論迅速向外擴展。福斯新聞一位名嘴咆哮道：「要是政府可以決定我們的飲食，接下來又會插手什麼事情？他們會不會決定我們跟誰結婚、到哪裡工作？」[44]

當然，這一切都不是事實。但謊言建立在根深柢固的刻板印象之上時，就變得非常難以破除。打破刻板印象是辛苦又乏味的工作，我不久便發覺到處都是陷阱。若我試著單刀直入刻板印象，藉由氣氛愉悅的訪談討論這個議題（像二〇一二年與蓋兒．金〔Gayle King〕在CBS《今晨》〔*This Morning*〕的訪問），下面就是一個例子（《紐約郵報》第六版頭條：蜜雪兒氣炸了！第一夫人說：「我才不是愛生氣的黑人女性！」）：[45]

NEW YORK POST Page Six.
THURSDAY, JANUARY 12, 2012 / Rain, 57 / Weather: P. 20 ★ ★ LATE CITY FINAL www.nypost.com 75¢
Mad as hell Michelle!
First lady: 'I'm NOT some angry black woman' PAGES 10-11

我能因為被當成老是愛生氣而生氣嗎？當然可以，但那又幫了誰的忙呢？這樣的我能產生影響力嗎？

我一定要高尚回應。

我回答過的所有問題中，有個問題出現得格外頻繁，更特別容易預料到。每次我接受主持人訪問，或與一群新朋友坐下來聊天，基本上必定會有人提出這個問題，其他人全都會專注地聆聽。

高尚回應到底有何意涵？

看樣子，我大概要花好多年來回答這個問題，容我在此回答看看。

我首次公開說出「當別人低劣攻擊，我們要高尚回應」（When they go low, we go high）這句話，剛好在二〇一六年費城民主黨全國代表大會上發表演說。希拉蕊・柯林頓與唐納・川普在角逐總統大位。我的任務是團結民主黨選民，提醒每個人都要參與投票，盡一己之力幫助支持的候選人當選，其中包括選舉當天出來投票。一如往常，我談到身為兩個女兒的母親，當今的社會議題對我有多重要，我和巴拉克的選擇向來都依照我們希望孩子珍視的原則。

說實話，我不知道「我們要高尚回應」這句話會在接下來數年內一直與我相伴，幾乎成為我個人的代名詞。我所做的一切，其實只是分享了我的家人努力遵守的座右銘罷了；我和巴拉克用此提醒自己，我們看到別人失去誠信時，要引以為戒，保有誠信。「高尚」描述的是我們做選擇的方式，始終更努力一點、更想遠一些。這是我們內心理想的簡化版本，像是一鍋裝滿食材的湯鍋小火慢燉，一切都在我們的成長過程慢慢灌輸內化，其中包括**講真心話**、**盡力而為**、**理性客觀**、**保持堅韌**，這些基本上就是我們過日子的祕訣。

私底下，我和巴拉克一再致力於追求「高尚回應」的理想，特別是當我們經歷了激烈的競選和政治戰役，在眾目睽睽下適應全新生活，更要堅持初心。每當我們覺得受到考驗時，就會回想起這個理念，提醒自己在面臨道德難題時穩住陣腳。別人表現得很低劣時，你該怎麼辦？每當感到被攻擊時，又要如何回應？有時可以簡單清楚地回答，但有時卻難以回答，整體情況更加模糊，需要更多思考才能找到正確方法。

高尚回應就像在沙子上畫一條線，這個邊界清晰可見，我們可以花點時間思考，自己想站在哪一邊？這提醒你停下來好好考慮，呼喚你用心、用腦來回應。在我看來，高尚回應永遠都是考驗，因此我覺得有必要在二〇一六年大會上，當面向所有人提出這個想法：美國上下正在經歷著嚴峻的考驗，眼前是道德的難題。我們必須予以回應。當然，這不是第一次，也肯定不會是最後一次。

但我認為，凡是單純的座右銘都有個問題：記得並複誦座右銘（或印在馬克杯或T恤、托特包、棒球帽、2B鉛筆、不鏽鋼水壺、休閒緊身褲、吊墜項鍊或掛毯上頭，這一大堆東西都可以線上購買），遠遠比付諸日常實踐容易得多。

「不要為小事心煩」嗎？「保持冷靜、繼續前行」嗎？

當然，這些口號都很好。但請告訴我該**怎麼做**。

如今，只要有人問我「高尚回應」的意思，我有時會感到其實藏著一個不太禮貌的問題，帶著一絲自然的質疑，這是逐漸醞釀出的厭世感受，因為一切努力似乎落空，考驗又看似沒有終點：

欸等一下，妳知道最近全球發生的事嗎？一切還能糟到什麼地步？還有力氣繼續抵抗嗎？

二〇二〇年五月，喬治·佛洛伊德在明尼阿波利斯的街角被一名警察以膝蓋強壓脖子窒息而死後，許多人寫信給我，詢問「高尚回應」是否真的屬於正確方式。而在國會暴動事件落幕之後，共和黨官員持續散布不實有害言論詆毀選舉，我也收到許多類似的疑問。各方的挑釁永無止境。我們看到美國超過百萬人死於全球疫情，這凸顯了我們文化內的巨大落差；我們看到俄羅斯軍隊在烏克蘭屠殺平民、塔利班禁止阿富汗的女孩上學、美國政治領袖採取行動把墮胎視為犯罪，街坊鄰里卻飽受槍枝暴力和仇恨犯罪蹂躪。舉凡跨性別權、同志權、投票權與婦女權全都受到抨擊。凡是出現不公不義、另一波暴行、領導無方或官員貪污與侵犯人權時，我都會收到親筆信件和電子郵件，提出類似以下的問題。

我們「還要」繼續高尚回應嗎？

好，那「現在」也要嗎？

我的回答是，沒錯，原則依然不變。我們得繼續高尚回應。我們必須自始至終追求這個理念。誠信待人十分重要，永遠都重要，這是處世的工具。

不過，同時我也想把話說清楚：高尚回應是實際行動，而不僅是種感覺。這並不是叫你自視甚高，坐等改變，也不是要你旁觀別人受苦；這並不是要你接受壓迫的條件，也不是任憑殘忍與權力的宰制。「高尚回應」的概念，並非探討我們**是否**有義務打造更公平、有禮和正義的世界，而是探討我們**如何**抗爭，**如何**努力解決我們遇到的問題與**如何**維持長期效能的續航力，又不至於耗盡精力。有些人認為這是不公不義、效果欠佳的妥協，只不過是體面政治的延伸，我們只是一味遵守遊戲規則，而不是設法衝撞體制。**民眾難免會納悶，究竟為何我們得一直保持理性？**

我能理解為何有些人認為，理性就沒有憤怒的空間。我也理解有人覺得，高尚回應代表必須自我抽離，默許種種可能激怒自己的事。

但這並非事實。

二〇一六年，我首度在費城民主黨全國代表大會台上說這些話時，既沒有自我抽離，也沒有全然默許。當時，我其實很緊張不安，徹底被共和黨官員不時的酸言酸語激怒了。將近八年來，我真的覺得心累，一直看著我先生辛苦付出卻被扯後腿，忍受人格受到詆毀，還一再有人偏執地質疑他的公民身分（潛台詞還是那句老話：**我認為你不配得到這些待遇**）。而我最憤怒的是，這種偏見的主要煽動人居然在競選總統。

但我真正的力量在哪裡？我知道，力量並不是指自己受傷與憤怒的情緒本身，至少不是指純粹又毫無節制的發洩。我的力量在於自己如何利用受傷和憤怒的感受，可以把這種感受用在何處、達到何種目的。這取決於我是否能把這些原始的感受，轉化為別人更難忽視的東西，像是明確的口號、行動的號召、我願意努力推動的成果。

這就是我理解的「高尚回應」，重點是把抽象又往往令人氣餒的感受，努力轉化為某種可以執行的計畫，擺脫赤裸裸的情緒反應，尋找大局的解決方案。

我想在此澄清，上述都是一個過程，而且可能進行緩慢，需要時間和耐心，不妨先好好陪伴自己的情緒，深刻體會不公不義、恐懼或悲傷引起的躁動，或把內心的痛苦表達出來；你也可以給自己適當的空間復元或療傷一下。對我來說，高尚回應通常代表要先暫停一下再回應，這屬於一種自我控制，即衝動反應的好壞只在一線之間。高尚回應的重點在於避免淪於表面的發飆和惡毒的藐視，釐清如何清晰地回應周遭膚淺又惡毒的言論；說穿了，就是把反射動作轉化為成熟回應。

因為事實上，情緒與計畫並不相同，情緒無法解決問題或導正錯誤。你可以感受到情緒——你也**必定**會有各種情緒——但要小心，不要被情緒牽著鼻子走。「憤怒」就像骯髒的擋風玻璃，「受傷」好比壞掉的方向盤，而「失望」只會悶悶不樂地坐在後座，幫不上忙。若你不主動幫這些情緒找到有意義的出口，整台車就會直接開進大水溝，動彈不得。

我的力量始終取決於不讓自己陷入水溝的能力。

每當有人問我「高尚回應」的意涵時，我通常會表示，對我來說是採取必要行動，不畏懼任何辛苦，讓自己的努力有價值、讓自己的聲音被聽見。最好可以保持靈活，隨遇而安。我發覺，只要做好準備、善用不同工具，一切就更有可能實現。高尚回應也不僅限於某天、某月或某個競選期間，而是持續一輩子、一整個世代。高尚回應有著示範作用，是致力向孩子、親友、同事和當地民眾示範何謂生活有愛、正派行事。因為至少從我的經驗來看，你在別人面前的付出——無論是希望還是仇恨——終究只會帶來更多相同的結果。

但我要再澄清一下：高尚回應是個苦差事——往往是困難又乏味，而且並不自在又會造成壓力。你需要無視外界的仇視與質疑，你需要在內心築起一道牆，不理會幸災樂禍的人；

當周遭戰友感到心累、厭世想放棄，你需要繼續努力。已故民權運動領袖約翰．路易斯（John Lewis）當初便提醒過我們這點，他寫道：「自由不是一種狀態，而是一種行動。自由不是什麼矗立在遙遠高原的魔法花園，可以讓我們好好坐下來休息。」[46]

我們所處的時代中，任何反應幾乎太過容易、太過方便。怒火迅速燎原，傷害、失望和恐慌亦然。真假資訊好像以同樣的速度湧現，我們滑手機的指頭惹來麻煩，輕易便成為我們憤怒的載體。我們隨便打些憤怒的字眼，再把它們像火箭般發射到數位平流層，永遠不知道這些字眼會精確地落至何處或誰會遭殃。的確，我們的憤怒與絕望通常有理有據，但問題是：我們要如何處理憤怒？可否把憤怒與紀律結合，而不會淪為背景噪音？現今社會的便利，造成我們很容易自滿，像是可能光按了「讚」或轉貼文章，花費三秒便肯定自己的活躍，或自認是社運分子。我們太習慣製造無謂的噪音，彼此自我感覺良好，但有時卻忘記挽起袖子做事。你可能透過三秒的投入給人留下印象，但並沒有打造任何改變。

我們是單純的反應，還是真的在回應？有時這點值得思考。我在社群媒體上張貼任何文章、發表任何公開評論前，都會問自己這個問題。我是否太過衝動，只是想發洩讓自己心情好一點？我自己的感受是否能轉化成可執行的具體行動，還是只是一時衝動？我準備好投入心力來促成改變嗎？

就高尚回應來說，我認為寫作過程可以成為極為有用的工具。我能透過這個方法梳理個人情緒，再轉化成可以發揮作用的樣子。在巴拉克競選期間與我在白宮的歲月，我有幸與才華橫溢的撰稿人共事，我們會一起坐下來討論，他們讓我把想法一股腦地丟出來，在我整理內心感受時寫筆記，幫助我釐清想法，再加以精鍊成句。

只要有值得信任的聽眾，我就能大聲說出心裡話，也促使自己把想法攤在陽光下檢驗。這讓我能放下憤怒和憂慮，開始尋找更宏觀的理由。我便能區分出有效與無效的做法，替自己找到更高層次的真理當作依歸。我知道，自己最初的想法鮮少有太大價值，但這些只是我們進步的起點。看到自己寫下的一切，我便可以持續修改和反思，找到自己的方法來實現真正的使命。我的寫作過程已成為人生中威力強大的工具。

若二〇〇八年在丹佛首次大會演說對我純粹是個開始，逐漸引導我當上第一夫人，那二〇一六年的演說就有點像結束的開端。

我有寫好的講稿、想傳達的理念、發自肺腑的感受。這些都經過熟記與反覆練習，全部烙印在我的腦袋。然而，這次再度出現了小插曲，但不是因為讀稿機壞了，而是因為一場罕見的夏季大雷雨；正好在我的專機接近費城時，費城下起了傾盆大雨。

我和數名幕僚人員同行，大約一小時後就要進行大會演說，但突然之間氣流變得紊亂，我們連坐都坐不穩。空軍一號飛行員的聲音從對講機傳來，請大家繫好安全帶。他提到，由於前方天候不佳，我們恐怕得在德拉瓦州降落。我的團隊立即慌忙地討論起如何因應延誤一事：我是當晚大會的主講人，是黃金時段的重點節目。

沒想到，晃動只是前菜，因為大約一分鐘後，飛機劇烈地向單側傾斜，彷彿被暴雨中飛行的龐然夜獸甩開了。不出數秒鐘，整架飛機好像猛然下降，一下傾斜一下直墜，感覺完全失去控制。我周圍傳來尖叫和哭喊聲，閃電在窗外閃爍，飛機衝出雲層，呼嘯而過。我能辨認出下方城市的昏暗燈光。但我並沒在想自己要死了，一心只想來得及趕上演說。

當時，我當第一夫人已快滿八年。我曾坐在許多志願役的病床邊，他們努力想從嚴重的戰爭傷勢中復元。我曾陪著一位母親掉眼淚，她十五歲的女兒放學回家途中，穿越芝加哥公園時不幸遭槍殺；我曾站在曼德拉的狹小牢房內，他孤獨度過近二十七年的時光，卻找到了堅持下去的勇氣。我們曾共同歡慶《平價醫療法》（Affordable Care Act）的通過、最高法院認可婚姻平權，以及其他大大小小數十項政策的勝利；但我也曾走進橢圓辦公室抱著巴拉克，兩人心痛地沉默不語，因為當天康乃狄克州有名槍手射殺了二十名小學生。

一次又一次，這個世界令我不解、謙卑和震撼，而這份工作讓我時而心情低落，時而高亢振奮。我得以接觸到生存條件的方方面面，時而歡樂、時而痛苦的衝擊，這不斷地提醒我，一切都難以預測；我們向前邁出沒幾步，必然會發現舊傷被撕開，害得所有人只能後退。

我幾乎每天都會想到父親，想到那個慢慢剝奪他力氣和行動能力的疾病，想到他對抗病魔帶來的身心煎熬時，所展現出的耐心和優雅——他仍然為了家人挺身而出，每天多少重拾希望和可能，才有辦法繼續前進。他親身示範了何謂「高尚回應」的表率。我明白，我們國家在二〇一六年所面臨的挑戰，總統大選再度上演，選擇更是前所未見地嚴峻。我坐在專機上，心情無比激動，雖然擔心卻也有萬全準備。我知道，此刻若真有東西逼我偏離軌道，威力絕對遠遠超越費城上空這層亂流。

我們最後成功降落，也順利到達了會場。我迅速穿上裙子、踩進高跟鞋和抹好口紅，登上了舞台。我恢復了冷靜，檢查一下讀稿機和信心螢幕，微笑地向觀眾揮手，隨即開始演說。

說也奇怪，有了一兩次經驗之後，你就會開始覺得很自在，不怕站在爆滿的觀眾前演說，但這千真萬確。更準確來說，你只是越來越習慣演說的不適感。你既害怕又自在。腎上腺素帶來的刺激與焦慮、面對現場亢奮觀眾的種種變數，影響開始比以前來得小。整體的感受漸漸像是燃料，而不是恐懼，尤其你想傳達理念時更是如此。

那天晚上，我在費城發表的演說，與多年前在丹佛的首次演說一樣真情實感。但不同的是，我們很快就要離開白宮了。無論代表大會上或選舉期間發生何事，無論誰選上總統，我們全家都會在大約六個月後離開白宮去度假。無論如何，我們都完成了總統任期的工作。

那天晚上，我內心五味雜陳，但我設法把感受都化為計畫。我提醒觀眾，沒有結局是真的注定。我說，對於即將到來的選舉，我們絕對不能感到心累、沮喪或厭世。我們必須選擇高尚回應，我們必須爭取勝利，挨家挨戶地敲門拜訪、爭取每一張選票。我在演說最後表示：

「好，我們就開始努力吧。」

接著，我回到機場，搭上專機。氣流仍不穩定，我們仍得起飛。

我在那天晚上的演說，也許有助於把「當他們低劣攻擊，我們要高尚回應」這句話融入時代精神，但剩下的任務卻沒有落實。因為無論有誰聽到了號召，我們有太多人忘記自己也要努力，超過九千萬合格選民在二〇一六年選舉日待在家裡。就這樣，我們把自己推進了泥淖，背負著選舉結果的餘波整整四年，至今仍然要忍受長期的影響。

一旦捲入沒有減弱跡象的強烈風暴中，我們該如何調整自己？我們周圍的空氣不穩定、腳下地面似乎不斷移動時，我們該如何找到穩定？我認為，就某部分來說，只要我們能在不斷變化的事物中找到能動性和使命感、記住小小力量也可以有其意義，一切就開始了。投票很重要；幫助鄰居很重要；花時間和心力推廣你相信的理念很重要；你看到一個人或一群人遭詆毀或妖魔化時勇於發聲很重要；向別人表達你的感謝，無論是孩子、同事、甚至是路人，也很重要。你的小小行動成為媒介，強化了個人的能見度、可靠感和與人的連結，也有助於提醒你：自己也很重要。

我們周圍的問題只會越來越複雜。我們會需要重新找到對他人的信任，恢復先前失去的部分信念——包括近年來備受動搖的信念。但這一切無法單打獨鬥完成。若我們把自己封閉在同溫層內，只與觀點相同的人交流，說得太多，傾聽太少，一切幾乎不可能實現。

就在我到費城發表演說的數天前，線上雜誌《Slate》發表了一篇文章，[47]標題是「二〇一六年是史上最爛的一年嗎？」，援引了川普人氣高漲、警察射殺平民、茲卡病毒（Zika virus）和英國脫歐等等事件當作證據。但有意思的是，我們當時還沒有迎來二〇一七年。根據蓋洛普（Gallup）一項全球情緒健康調查的新聞報導，[48]二〇一七年是「全球十年來最爛的一年」。

當然，新的一年再度到來，年復一年都有全新危機和災禍。《時代》雜誌稱二〇二〇年是「史上最爛的一年」，[49]但許多人想必會認為二〇二一年也好不到哪裡去。重點在於，變動已是必然；我們會繼續奮鬥，抗衡恐懼，找回部分主導權。我們也不一定能在當前歷史時刻找到自己的方位，一切是朝著更好還是更壞的方向發展？一切是為了誰？我們該如何衡量呢？你眼中美好的一天，對鄰居來說可能是糟透的一天；有國家興盛，就有國家受苦。喜悅和痛苦往往是一線之隔，有時還會混雜在一起。我們大多數人都活在兩者之間，依循著人類天生的衝動，抱著一絲希望。我們鼓勵彼此「**不要放棄，繼續努力**」。

這點也很重要。

我當了母親後，開始問自己的母親如何好好教養，她分享的其中一點是：「絕對不要假裝妳知道所有答案，大可以說『我不知道』。」

本書開頭描述了別人問我的部分問題。最後，我要提醒大家，其實我並沒有太多答案。我認為，真正的答案有賴更長遠、更深入的對話——這也是我們設法一起展開的對話。

我們無法確切地預測未來，但我認為務必要記得，我們面對擔憂並非只能無助。我們有能力刻意創造改變，對於變動做出適當回應，而不是被動反應。我們可以抱持希望而非恐懼來行動，把理性與憤怒兩相結合。但我們需要一再重新感受未來的可能性。我不禁想起父親以前因拐杖不穩而摔倒在地時，都會默默重述他的座右銘：**跌倒，爬起來，繼續前行**。

若我們只是聽完後複述，「我們要高尚回應」這類口號就沒有任何作用。我們無法單憑語言就一帆風順。我們不可能大聲宣告自己很悲傷、憤怒、堅定或充滿希望後，就坐下來休息。我們只會不斷嘗到這個教訓。正如我們在二〇一六年大選中所見，自認一切都會往自己有利的方向發展，其實是太過傲慢的想法，尤其是攸關選擇國家領導人的問題，把自身命運完全交到別人手中實在危險。我們必須做出帶來希望的選擇，不斷致力於相關的工作。正如約翰·路易斯所說，自由並不是魔法花園，而是我們得持續舉過頭的槓鈴。

有時，高尚回應可能代表你必須在一定範圍內做出選擇，即使這個範圍本身就是一種挑釁。你可能需要爬上某座華麗樓梯的一半，這樣對著舞廳人群演說時，才有機會被更多人看到和聽到。

我們在白宮期間，我知道自己必須保持武裝，也必須做出部分取捨，明白我不僅僅代表自己。我需要堅持自己的工作、計畫與希望——專注於行動本身，而不是本能反應。防衛心太重只會適得其反。我必須慢慢贏得別人的接納，建立自己的聲譽，盡可能繞過陷阱，避免掉進溝裡。這需要策略和妥協嗎？沒錯。有時，你必須把路障清除才能走路，同時也為他人鋪好前路。如前所述，這往往是乏味、不自在又會造成壓力的工作。但根據我的經驗，若你想開拓全新領域，這就是必要條件。

經常有年輕人會問我同一類問題，這些年輕人動力滿滿卻沒耐性，受夠了荒唐的現狀。這類問題牽涉了行動主義、抵抗和廣義改變的本質：我們要如何拿捏遵守規定與抵抗體制的那條線？我們是要摧毀現有的制度，還是要保持耐心從內部進行改革？我們要留在社會邊緣還是加入主流，才能更有效地推動改變？何謂真正的勇敢？修養何時成了不作為的藉口？

這些問題並不新奇，以前也有過這類辯論。每一世代都會重新叩問，而且答案並不簡單。這就是為何這類辯論歷久彌新，問題仍然沒有標準答案；也因此若你有幸活得夠久，孩子和孫子有天會滿腔熱情又沮喪不耐，時刻準備質疑現狀，思考著你曾想為他們拓展的邊界，提出一模一樣的問題。

約翰．路易斯和大約六百名人權鬥士跨過阿拉巴馬州塞爾瑪（Selma）艾德蒙佩特斯橋（Edmund Pettus Bridge）遊行時，我還未滿一歲。他們一面忍受著支持種族隔離的治安官和州警的暴力攻擊，一面還努力要民眾關注美國聯邦法律必須保障投票權。而馬丁．路德．金恩博士站在蒙哥馬利州議會大廈台階上，不僅是對日後支持路易斯等人遊行的大約兩萬五千人發表演說，更是向終於正視抗爭的全美人民發表演說。馬丁．路德．金恩博士那天演說的一大重點是：抗爭尚未成功，目標仍在遠方。他對眾人表示：「我知道，你們今天都在問，那究竟要花多少時間呢？」[50]

他給出的答案是：「不會太久。」他一邊呼籲美國人堅持非暴力運動、繼續為正義而努力，一邊呼籲每個人繼續實踐信念、展現活力。

我有時覺得，我們辯論著改變和進步的本質時，主要爭辯的是**不會太久**這句話的意涵，究竟是需要數年、數十年或數個世代才能接近公平與和平的境界？我們是小步向前、大步邁進還是一躍而上？需要何種策略？哪些妥協實屬必要？付出哪些犧牲？**不會太久**是多久？

一九六一年，巴拉克的父母在夏威夷結婚時，跨種族婚姻在美國幾乎半數州別都是非法，共有二十二個州嚴禁通婚。直到我十歲時，美國女性才有權毋需丈夫同意就申請信用卡。我的祖父在美國南方長大，當時黑人只要出門投票就會被射殺。每當我站在白宮的杜魯門陽台上，看著兩名皮膚黝黑的女兒在草坪上玩耍時，都不禁會想起這些往事。

身為非裔第一夫人，我當然是「異類」。這代表我在適應和習慣這個角色的同樣，也得幫助世人適應和習慣我的存在。擔任總統的巴拉克也多半如此。當然，我們的角色不同，但也非完全不同。我們得一次又一次地在世人面前展現這件事，也得忍受外界對我們誠信的質疑。我們要敏捷行事，小心繞開陷阱。我認識很多人在公私領域都面臨同樣的任務——不得不兼顧教育、釋疑和替少數發聲的工作——即使他們並不想要額外的責任，也不樂在其中，依然得設法承擔。這需要的是耐性、靈活度，通常還要比別人更多武裝。

儘管白宮看上去感覺像一座宮殿，但我在裡頭還是做自己。時間一久，我在白宮裡越來越自在，展現更多自己的真性情。假如我喜歡跳舞，我就能跳舞。若我喜歡開玩笑，我也可以開玩笑。隨著我越來越了解這個角色，我開始更常去測試不同的底線，允許自己更勇於表達、發揮創意，把第一夫人的工作與自身個性結合得更加緊密。因此，我開始上電視節目，與吉米．法隆（Jimmy Fallon）跳舞，和艾倫．狄珍妮（Ellen DeGeneres）一起伏地挺身，推廣「動起來！」這項我發起的兒童健康計畫。我可以在白宮草坪上跳繩、陪小朋友踢足球；我也可以上脫口秀節目《周六夜現場》（*Saturday Night Live*）與明星大唱饒舌歌曲，藉此提醒年輕人為何務必要取得大學文憑。我的目標向來是抱持喜悅來從事嚴肅的工作，親自示範堅持高尚回應帶來的各種可能。

我心想，對抗難堪刻板印象的最佳辦法就是做自己，不斷地證明刻板印象有多荒謬，不在意需要花費多年的時間，也不在意部分人只會盲信。與此同時，我堅持不懈地想改變最初產生刻板印象的體制。我必須審慎地發揮我的影響力，妥善地運用我的發聲機會，希望拓展日後第一夫人角色的彈性。我曉得，若自己的努力直接用來實現我身為第一夫人所設定的目標，若不被只想看我失敗的人分散注意力，我成功的機率就會更大。我認為這不僅是項難題，也是道德考驗。我像往常一樣，仔細分配自己的心力，盤算好每個步驟。

最高法院大法官凱坦吉．布朗．傑克森（Ketanji Brown Jackson）曾分享她在哈佛就讀大學時一則深具意義的故事。一九八八年，她從南佛羅里達州來到哈佛，剛入學時渴望學習政府治理。她也愛劇場，滿心期待參加舞台劇試鏡，還加入黑人學生協會（Black Students Association, BSA）。

後來，某位白人學生把一面象徵支持蓄奴的邦聯旗掛在宿舍窗戶上，大剌剌地面對校園內來往人潮，BSA便迅速籌畫一連串抗議活動。傑克森與其他黑人學生放下手邊的事，開始發起連署、發放傳單、協辦集會，結果成功對學院高層造成壓力，促使美國各地媒體大篇幅報導。他們的反彈十分有效，但這位未來最高法院大法官當時已深謀遠慮，發覺了其中有個陷阱。

「我們忙著張羅那些很有意義的事情，但是卻無法到圖書館讀書。」[51] 她後來回憶道。這些辛勞都得付出代價，而且只能一味處於守勢，偷走他們做事心力，無法參加各種彩排、自習課和交流活動，導致他們無法在其他領域展現創意、成果和新穎有趣的想法。她也說：「我記得當時心想，這對我們真的太不公平了。」

她恍然發現，這其實是更大制度偏見的一環，以防止圈外人太靠近權力核心，才能及時把他們趕出圈內。她表示，「這正是懸掛邦聯旗的學生真正的目的：就是要我們無心課業，最好所有科目都被當掉，加以鞏固我們配不上哈佛這個名校的刻板印象。」

待在圈外萬事皆難，想為公平正義而戰更是難上加難。這就是為何我認為你需要挑選戰場、留意個人感受以及思考長期目標。那些最有效率的同伴就知道，這點本身就很重要，也是高尚回應的一大關鍵。

我經常與年輕人交談，他們往往苦惱如何善用自己的精力、時間和資源。為了追求新夢想而遠走他鄉，他們經常感到壓力，夾在兩個世界間動彈不得，陷入倖存者的愧疚感。你一旦開始有所成就，過去認為你平平無奇的人，現在可能認為你改變了。他們會覺得既然你踏入了主流社會的大門，生活一定如宮廷生活般光鮮亮麗，這就成了另一個複雜的面向，你有了更多事項需要摸索、更多要務有待談判。你可能會獲得大學獎學金，一下子成為家中或鄰里之光，但這並不代表你現在有經濟能力支付電費給叔叔，或每周末回家照顧祖母或年幼弟妹。成功牽涉許多艱難的選擇，畫出相應的界線，相信只要你能堅持下去，自己的進步就會有所回報。你只需要不斷告訴自己：**不會太久**。

傑克森大法官曾說，小時候父母給她最棒的禮物是堅韌的精神，即擇善固執的自信。她從小就有獨特的非裔名字，無論在學校或法律界經常是「異類」，她因此學會了在自己和別人的眼光之間，築起一道內心的高牆，全神貫注於個人遠大的抱負，拒絕因為遭受不公或挑釁就中斷。她把自己的成功歸因於三件事：努力不懈、重要機遇和刀槍不入。刀槍不入的部分代表要學會處理憤怒和受傷、何處安放情緒、何以轉化為真正的力量。這就要挑好一項目標，明白達標本來就需要時間。傑克森在二〇二〇年對一個黑人學生團體說：「你們只要做到一件事情，就對得起自己和親朋好友了，那就是保持專注。」[52]

「高尚回應」就是要學會把毒藥擋在外頭，把力量留在內心，意思是你必須善用精力，清楚個人信念。某些情況中，你選擇堅持向前；某些情況中，你選擇暫時撤退，才有機會休生養息。這有助於你正視自己心力有限，所有人都是如此。凡是攸關我們的注意力、時間、信譽、對彼此的善意等等，我們都運用有限但可再生資源。我們這輩子會不斷地裝滿口袋、掏空口袋，重複賺錢、儲蓄和消費的循環。

「我們是有錢人嗎？」小時候，我哥有一次問老爸這個問題。

我父親只是笑著說：「不是。」但下次他拿到薪水支票時，去了一趟銀行，但沒有把錢存起來，而是全部兌現，帶了一大疊鈔票回家，全攤在床腳，好讓我和克雷格看個清楚。對我來說，眼前就是一大堆現金。

那數分鐘內，我們看起來很像有錢人。

接著，老爸找到了每個月寄來的一疊帳單，他一張一張地打開，說明我們家還有哪些欠款未繳——像是電費、汽車貸款、煮飯用的瓦斯和冰箱塞的食品。他開始把每筆大概的金額塞進不同信封內，還繼續提到家中其他開銷，例如車子油錢、每個月給羅碧姑婆的房租、上學的新衣服、每年暑假去密西根州親子度假勝地的預算，還有部分現金是未雨綢繆。他一張一張地取下堆積如山的現金，直到最後床上只剩下一張二十美元，就是剩下可以買冰淇淋或看電影的錢。

老爸說，我們家並不有錢，但我們用錢很理智、很謹慎，也很清楚用途。我們看得到懸崖邊緣，但不代表就會從懸崖摔下去。他努力想告訴我們的觀念是，假如我們花錢花得明智，生活就不會有問題：可以吃冰淇淋，也有機會看電影。我們總有一天會上大學，而量入為出讓我們得以實現目標。

身為第一夫人，我在日常工作也採取這項方法，時時刻刻留心自己的資源——我需要付出多少，還需要爭取多少。我設法擬定策略，而不是悶著頭努力，貫徹可以執行的計畫，不因他人亂發飆而起舞。我也找到最完善的武裝：保持身體健康，吃好睡飽，花時間與親朋好友相處來維持內心幸福感和踏實感，也受益於「廚桌」計畫的優點。每當我的恐懼驟升，就會勇敢面對，讓恐懼緩和下來。我感覺自己情緒越來越強烈時——凡是有事讓我生氣、沮喪或想要發飆——我都會花點時間私下消化這些情緒，經常聆聽母親和好友的意見，以找到更好的因應方式。

我很清楚我的人生故事，也對自己有充分認識。我也知道，我不可能滿足所有人的需求，這份認知有助於我不受嚴厲批評和誤解的影響，我也理解不同工作的輕重緩急，並且有多年維持個人界線的經驗，這有助於我清楚又優雅地對許多請求說「不」。我縮小個人的關注範圍，把力氣放在對自己有意義的關鍵問題，同時專注於經營家庭，最終接納了「小而美」的力量。我也努力善待自己，既保護自己的光，也分享自己的光，同時受惠於別人散發無限的光，這些都是我一路上遇到的貴人，遍布這個美麗又破碎的世界。

每當我感到自己的壓力不斷增加，或犬儒心態開始作祟，我一定都會去參訪學校，或邀請一群孩子到白宮作客，這立即讓我恢復客觀角度，再次釐清自己的目標。對我來說，孩子們是提醒我們，我們都是生來有愛、心胸開闊、沒有仇恨的人。正是為了孩子，我們成年人才能保持刀槍不入，不斷地努力清除路障。看著孩子慢慢長大，你便會明白這個過程有多平凡又深刻、緩慢又迅速，時而小步向前、時而大步躍進。你便開始明白**不會太久**的意義。

我兩個女兒很喜歡回顧家庭照片，邊看邊咯咯笑著——不僅僅指那些可愛的嬰兒照或小小孩生日派對，而是看到更為古早的照片也會笑。她們可能會看到我十七歲的照片，頂著黑人燙的爆炸頭，從頭到腳都是一九八〇年代丹寧風，或看到巴拉克小時候滿臉圓嘟嘟、在夏威夷淺水嬉戲的照片，兩人就大笑起來；她們有時會看到我母親的照片，可能是一九五〇年代末一幅深褐色肖像，看起來既年輕又優雅。她們會說，我們看起來真的一模一樣，覺得這簡直與奇蹟

沒兩樣，展現跨越時間的一致性。

有趣的是，這說起來對也不對。我們看起來確實一模一樣——我母親臉頰有著同樣不變的弧線，巴拉克小時候的微笑也有其招牌的活力——但我們也和過去截然不同了。我們的衣服、我們的頭髮、我們光滑的皮膚、照片本身的品質——這一切都在訴說著逝去的歲月、走過的旅程、種種得失、時代流轉的無盡循環。這就是老照片令人著迷、如此好玩的原因：這些照片反映了我們自己的不變，卻也告訴我們自己的改變。

總有一天，我們會回頭看自己所處的此時此刻。屆時，我們會從不同的歷史角度、現在無法想像的未來處境來觀看過去。我很好奇，我們會如何理解這段時間的經驗？哪些依稀有些印象？哪些則覺得記憶久遠？哪些故事會流傳下來？我們成功推動了哪些改變？我們會忘卻哪些事？我們又會銘記哪些事？

凡是要談起對於未來的希望——例如修補、復原和再造——可能會覺得困難，部分原因在於，相較於近年來令我們感到恐懼與難過的事物，以及我們所承受種種有形又具體的傷痛，希望的想法感覺是相對抽象的概念。然而，進步有賴創造力和想像力，這始終不變。開創源於勇敢，我們必須能構想各種可能，從未知中將它召喚出來——它是任何尚未存在的事物，卻屬於我們盼望的理想世界——這樣才能開始執行計畫，最終達到那裡。

想要喚起每個潛在的夢想，必須有人真心為其高興。老師說：**很高興你今天來上學了**。或同事說：**很高興你表達自己的想法**。或人生伴侶說：**很高興過了這麼多年，每天早上還能看到**

你在我身邊醒來。我們可以記得先說出這些話，把它們擺在第一位。**很高興我們能一起工作、很高興看到你本來的樣子，也很高興我能做自己**。這是我們自帶的光，也是我們能分享的光。

那「高尚回應」呢？我們還能高尚回應嗎？我們仍然應該高尚回應嗎？我們面對著所處世界中的一切嚴酷、無情、痛苦與憤怒，高尚回應真的有用嗎？人生困頓時，誠信對我們有何用處呢？

我理解這些問題伴隨著所有赤裸裸的感受——憤怒、失望、受傷和恐慌，這些都是人之常情。但別忘了，這些感受一下子就能讓我們陷入泥淖。

我想說的是，也是我一直想提醒你的是：高尚回應就是不斷向前邁進的承諾，但沒有太過吸引人的魅力。我們只有真正行動，它才會發揮作用。

若我們只是重複一句話，當成 Etsy 電商平台上的產品出售，座右銘就會越來越空洞。我們需要有實踐精神，投入其中，甚至把沮喪和受傷都轉化成行動的力量。我們負重前行，就會獲得成果。

我還想說的是：積極任事、堅持信念、保持謙卑與同理心；說真話、善待別人；綜觀大局、了解歷史與脈絡；凡事謹慎、凡事堅韌，並且長保義憤之情。

但最重要的是，別忘記身體力行。

我會持續閱讀你們每一封來信，也會持續回答這個問題。「高尚回應」是否依然重要，我也堅持著相同的答案。

答案是：肯定重要，永遠重要。

致謝

本書從無到有的過程中，我有幸得到許多貴人相助。我打從心底想對每個人說：**很高興有你**。

謝謝 Sara Corbett 這位多年來真心相伴的朋友，謝謝妳的熱情付出，還有對本書堅定不移的信念。謝謝妳大無畏地投身其中，卻仍一派優雅，陪我前往全美各地，傾聽我分享天馬行空的想法。妳甘願出借自己細膩又能共感的耳朵，參與了我所思所想與生活大小事，我真的沒辦法想像找其他人來共事。妳真的是天賜益友。

感謝皇冠出版社的編輯 Gillian Blake，她俐落地主導出書流程的每個步驟，是位聰慧、勤奮又極有文采的編輯，也付出整副心力來讓本書更加完善。感謝 Maya Millett 展現寬大胸懷，運用敏銳的文學造詣編輯本書，提供各式各樣的重要建議和鼓勵。兩位編輯協助精鍊自己的思緒，組織我的想法，在接連忙亂的數月內，她們就是我仰賴的定心丸。我深深感謝兩位的付出，也感謝遠在英國的 Daniel Crewe 提供實用的編輯意見。

四年出版兩本書的一部分樂趣在於可以與同一群人二度

合作，過程還會更加順暢：感謝 David Drake 的引導，兩本書才得以問世。他始終大方地分享自己的人生哲理，接納跳脫傳統思維的態度讓人耳目一新，還自願加班確保成品都能有最佳水準，他早已成為團隊中每個人的好友。Madison Jacobs 也一直是所有人的堅強後盾，參與了出版的每個環節，我們對於這位夥伴的愛不言自明。

我要再次感謝 Chris Brand 提供漂亮的封面設計與創意方向，還有感謝 Dan Zitt 製作有聲書。感謝 Gillian Brassil 回來加入團隊，協助進行研究與滴水不漏的核實工作。她是任何人都夢寐以求的合作對象——嚴謹、好奇、個性活潑又高效率。感謝 Miller Mobley，他是世界上我最欣賞的攝影師，兩本書的封面照片都是由他拍攝。他的團隊充滿活力又具備專業精神，每次合作我都十分放心。由衷地敬佩、感激你們所有人。

感謝造型師 Meredith Koop 的巧手，我一直受惠於她的精準眼光和優雅氣質。感謝 Yene Damtew 和 Carl Ray，整趟旅程都陪伴在我身邊，不僅賦予我文藝氣息與溫暖，更提升了我的自信。感謝 Katina Hoyles 在方方面面提供所有人後援。這些人對我的意義遠大於他們本身的頭銜。他們就像家人一樣，在我的「廚桌」上佔了一張張重要位子。

在華盛頓的辦公室，我有一支由傑出女性組成的卓越團隊輔佐，她們每天都與我分享自身的光，而她們展現的勤奮、努力和樂觀，正是我做事的動力。感謝 Crystal Carson、Chynna Clayton、Merone Hailemeskel、Alex May-Sealey，當然還有 Melissa Winter，若非是她展現沉著又優異的領導能力，一切都會窒礙難行。很高興有妳們每個人的支持。

感謝企鵝蘭登書屋，我至今仍深深感激 Markus Dohle 如此堅定不移地與我合作，他把關著出版書籍的高品質，長久的熱情和付出令人欽佩。感謝 Madeline McIntosh、Nihar Malaviya 和 Gina Centrello 對於此次出版計畫的提點總是如此專業，讓人肅然起敬，展現一貫的優雅和最高標準。感謝妳們付出的一切。

感謝皇冠出版社十足認真的製作團隊——Sally Franklin、Linnea Knollmueller、Elizabeth Rendfleisch、Mark Birkey——也感謝 Denise Cronin 把這本書引介給國外讀者。感謝 Michelle Daniel、Janet Renard、Lorie Young、Liz Carbonell、Tricia Wygal 發揮一流的文案和校對能力；感謝 Scott Cresswell 參與製作有聲書；感謝 Jenny Pouech 協助照片研究；感謝 Michelle Yenchochic 和她多元化報導（Diversified Reporting）團隊提供逐字稿；感謝 North Market Street Graphics 協助版面構成。我很慶幸人生中有你們。以下要特別感謝企鵝蘭登書屋的眾多人才：Isabela Alcantara、Todd Berman、Kirk Bleemer、Julie Cepler、Daniel Christensen、Amanda D'Acierno、Annette Danek、Michael DeFazio、Camille Dewing-Vallejo、Benjamin Dreyer、Sue Driskill、Skip Dye、Lisa Feuer、Lance Fitzgerald、Lisa Gonzalez、Carisa Hays、Nicole Hersey、Brianna Kusilek、Cynthia Lasky、Sarah Lehman、Amy Li、Carole Lowenstein、Sue Malone-Barber、Matthew Martin、Lulu Martinez、Annette Melvin、Caitlin Meuser、Seth Morris、Grant Neumann、Ty Nowicki、Donna Passannante、Leslie Prives、Aparna Rishi、Kaitlyn Robinson、Linda Schmidt、Matt Schwartz、Susan Seeman、Damian Shand、Stephen Shodin、Penny Simon、Holly Smith、Pat

Stango、Anke Steinecke、Kesley Tiffey、Tiana Tolbert、Megan Tripp、Sarah Turbin、Jaci Updike、Valerie Van Delft、Claire von Schilling、Gina Wachtel、Chantelle Walker、Erin Warner、Jessica Wells、Stacey Witcraft。

本書的主題源自過去數年我與不同團體所進行的一系列圓桌對話，包括在芝加哥、達拉斯、夏威夷和倫敦與年輕女性進行的線上和實體交流，以及全美二十二所大學的學生的難忘討論，還有《成為這樣的我》巡迴簽書會期間無數讀書會和當地團體的互動。這些都是深刻又刺激思考的經驗，在在提醒著我們世界上真正珍貴的事物。感謝一路上與我分享想法、擔憂和希望的每個人，感謝大家足夠信任我、願意展示完整的自己。你們綻放的光對我十分重要，超越你們的想像。

我也要特別感謝 Tyne Hunter、Ebony LaDelle、Madhulika Sikka、Jamia Wilson 在寫書初期就提供了洞見，坦誠給予深刻的意見。我們的對話有助於我理解本書部分核心思想。

最後，我想對家人和「廚桌」上所有人說：你們給予的關愛和後盾無法計量，讓我即使在詭譎又充滿變數的時刻，依然能腳踏實地抱持希望。謝謝你們始終陪我渡過難關。

相關資源

美國心理衛生求助專線與資源參考

988 Suicide and Crisis Lifeline（自殺與人生危機生命線）
全天候二十四小時諮商與資源轉介
請撥 988

The Trevor Project Lifeline（崔佛專案生命線）
LGBTQ 青少年危機諮商熱線
請撥 1-866-488-7386
www.thetrevorproject.org/get-help

Trans Lifeline（跨性別生命線）
跨性別者同儕支持熱線
請撥 1-877-565-8860
www.translifeline.org

Call BlackLine（撥打黑線）
黑人、棕色人種暨原住民同儕支持熱線
請撥或傳簡訊至 1-800-604-5841
www.callblackline.com

National Alliance on Mental Illness HelpLine（全國心理疾病聯盟專線）
同儕支持熱線與資源轉介
請撥 1-800-950-6264
www.nami.org/help

Postpartum Support International HelpLine（產後援助國際專線）
新手父母同儕支持熱線與資源轉介
請撥 1-800-944-4773
www.postpartum.net/get-help

211
心理衛生、飲食與住宿輔導服務資源轉介
請撥 211
www.211.org

尋找心理治療與補助

The Loveland Therapy Fund（拉夫蘭治療基金）
提供黑人婦女申請心理治療補助
www.thelovelandfoundation.org/loveland-therapy-fund
Open Path Psychotherapy Collective（開放路徑心理治療）
凡是所得低於十萬美元家庭，可以平實價格申請心理治療服務
www.openpathcollective.org
Psychology Today（今日心理學）
心理治療師名冊，可以透過保險與浮動費率篩選
www.psychologytoday.com/us/therapists

台灣資源

生命線電話熱線
請撥 1995
張老師電話熱線
請撥 1980
自殺防治專線（安心專線）
請撥 1925
同志諮詢熱線
請撥 02-2392-1970
外來人士在臺生活諮詢服務熱線
請撥 1990
衛生福利部 1957 福利諮詢專線
請撥 1957

註解

1. Alberto Ríos, *Not Go Away Is My Name* (Port Townsend, Wash.: Copper Canyon Press, 2020), 95.

引言

2. Barbara Teater, Jill M. Chonody, and Katrina Hannan, "Meeting Social Needs and Loneliness in a Time of Social Distancing Under COVID-19: A Comparison Among Young, Middle, and Older Adults," *Journal of Human Behavior in the Social Environment* 31, no. 1–4 (2021): 43–59, doi.org/10.1080/10911359.2020.1835777; Nicole Racine et al., "Global Prevalence of Depressive and Anxiety Symptoms in Children and Adults During COVID-19: A Meta-Analysis," *JAMA Pediatrics* 175, no. 11 (2021): 1142–50, doi.org/10.1001/jamapediatrics.2021.2482.
3. Imperial College London, COVID-19 Orphanhood Calculator, 2021, imperialcollegelondon.github.io/orphanhood_calculator/; Susan D. Hillis et al., "COVID-19–Associated Orphanhood and Caregiver Death in the United States," *Pediatrics* 148, no. 6 (2021): doi.org/10.1542/peds.2021-053760.

第 1 部

4. Maya Angelou, *Rainbow in the Cloud: The Wisdom and Spirit of Maya Angelou* (New York: Random House, 2014), 69.
5. Kostadin Kushlev et al., "Do Happy People Care About Society's Problems?," *Journal of Positive Psychology* 15, no. 4 (2020): 467–77, doi.org/10.1080/17439760.2019.1639797.
6. Brian Stelter and Oliver Darcy, *Reliable Sources,* January 18, 2022, web.archive.org /web/20220119060200/https://view.newsletters.cnn.com/messages/1642563898451efea85dd752b/raw.

7. *CBS Sunday Morning,* "Lin-Manuel Miranda Talks Nerves Onstage," December 2, 2018, www.you tube.com/watch?v=G_LzZiVuw0U.
8. *The Tonight Show Starring Jimmy Fallon,* "Lin-Manuel Miranda Recalls His Nerve-Wracking Hamilton Performance for the Obamas," June 24, 2020, www.youtube.com/watch?v=wWk5U9cKkg8.
9. "Lin-Manuel Miranda Daydreams, and His Dad Gets Things Done," *Taken for Granted,* June 29, 2021, www.ted.com/podcasts/taken-for-granted-lin-manuel-miranda-daydreams-and-his-dad-gets-things-done-transcript.
10. *The Oprah Winfrey Show,* "Oprah's Book Club: Toni Morrison," April 27, 2000, re-aired August 10, 2019, www.facebook.com/ownTV/videos/the-oprah-winfrey-show-toni-morrison-special/2099095963727069/.
11. Clayton R. Cook et al., "Positive Greetings at the Door: Evaluation of a Low-Cost, High-Yield Proactive Classroom Management Strategy," *Journal of Positive Behavior Interventions* 20, no. 3 (2018): 149–59, doi.org/10.1177/1098300717753831.
12. "Toughest Admissions Ever," *Princeton Alumni Weekly,* April 20, 1981, 9, books.google.com /books?id=AxNbAAAAYAAJ&pg=RA16-PA9; "Slight Rise in Admissions," *Princeton Alumni Weekly,* May 3, 1982, 24, books.google.com/books?id=IhNbAAAAYAAJ&pg=RA18-PA24.
13. "Toughest Admissions Ever."
14. W.E.B. Du Bois, *The Souls of Black Folk* (New York: Penguin, 1989), 5.
15. Monument Lab, *National Monument Audit,* 2021, monumentlab.com/audit.
16. Stacey Abrams, "3 Questions to Ask Yourself About Everything You Do," November 2018, www.ted.com/talks/stacey_abrams_3_questions_to_ask_yourself_about_everything_you_do/transcript; Jim Galloway, "The Jolt: That Day When Stacey Abrams Was Invited to Zell Miller's House," *The Atlanta Journal-Constitution,* November 10, 2017, www.ajc.com/blog/politics/the-jolt-that-day-when-stacey-abrams-was-invited-zell-miller-house/mBxHu03q5Wxd4uRmRklGQP/.
17. Sarah Lyall and Richard Fausset, "Stacey Abrams, a Daughter of the South, Asks Georgia to Change," *The New York Times,* October 26, 2018, www.nytimes.com/2018/10/26/us/politics/stacey-abrams. georgia-governor.html.

18. "Stacey Abrams: How Can Your Response to a Setback Influence Your Future?," *TED Radio Hour,* October 2, 2020, www.npr.org/transcripts/919110472.

第二部

19. Gwendolyn Brooks, *Blacks* (Third World Press, 1991), 496.
20. Daniel A. Cox, "The State of American Friendship: Change, Challenges, and Loss," June 8, 2021, Survey Center on American Life, www.americansurveycenter.org/research/the-state-of-american-friendship-change-challenges-and-loss/.
21. Vivek H. Murthy, *Together: The Healing Power of Human Connection in a Sometimes Lonely World* (New York: HarperCollins, 2020), xviii.
22. Ibid., xvii.
23. Munirah Bangee et al., "Loneliness and Attention to Social Threat in Young Adults: Findings from an Eye Tracker Study," *Personality and Individual Differences* 63 (2014): 16–23, doi.org/10.1016/j.paid.2014.01.039.
24. Damaris Graeupner and Alin Coman, "The Dark Side of Meaning-Making: How Social Exclusion Leads to Superstitious Thinking," *Journal of Experimental Social Psychology* 69 (2017): 218–22, doi.org/10.1016/j.jesp.2016.10.003.
25. Tracee Ellis Ross, Facebook post, December 27, 2019, facebook.com/TraceeEllisRossOfficial/posts/10158020718132193.
26. Julianne Holt-Lunstad, Timothy B. Smith, and J. Bradley Layton, "Social Relationships and Mortality Risk: A Meta-Analytic Review," *PLOS Medicine* 7, no. 7 (2010): doi.org/10.1371/journal.pmed.1000316; Faith Ozbay et al., "Social Support and Resilience to Stress," *Psychiatry* 4, no. 5 (2007): 35–40, www.ncbi.nlm.nih.gov/pmc/articles/PMC2921311/.
27. Geneviève Gariépy, Helena Honkaniemi, and Amélie Quesnel-Vallée, "Social Support and Protection from Depression: Systemic Review of Current Findings in Western Countries," *British Journal of Psychiatry* 209 (2016): 284–93, doi.org/10.1192/bjp.bp.115.169094; Ziggi Ivan Santini et al., "Social Disconnectedness, Perceived Isolation, and Symptoms of Depression and Anxiety Among Older Americans (NSHAP): A Longitudinal Mediation Analysis," *Lancet*

Public Health 5, no. 1 (2020): doi.org/10.1016/S2468-2667(19)30230-0; Nicole K. Valtorta et al., "Loneliness and Social Isolation As Risk Factors for Coronary Heart Disease and Stroke: Systematic Review and Meta-Analysis of Longitudinal Observational Studies," *Heart* 102, no. 13 (2016): 1009–16, dx.doi.org/10.1136/heartjnl-2015-308790.

28. Gillian M. Sandstrom and Elizabeth W. Dunn, "Social Interactions and Well-Being: The Surprising Power of Weak Links," *Personality and Social Psychology Bulletin* 40, no. 7 (2014): 910–22, doi.org/10.1177/0146167214529799.
29. Edelman Trust Barometer, "The Trust 10," 2022, www.edelman.com/sites/g/files/aatuss191/files/2022-01/Trust%2022_Top10.pdf.
30. Jonathan Haidt, "Why the Past 10 Years of American Life Have Been Uniquely Stupid," *The Atlantic*, April 11, 2022, www.theatlantic.com/magazine/archive/2022/05/social-media-democracy-trust-babel/629369/.
31. Toni Morrison, *Beloved* (New York: Knopf, 1987), 272–73.
32. Simone Schnall et al., "Social Support and the Perception of Geographical Slant," *Journal of Experimental Social Psychology* 44, no. 5 (2008): 1246–55, doi.org/10.1016/j.jesp.2008.04.011.
33. Scott Helman, "Holding Down the Obama Family Fort, 'Grandma' Makes the Race Possible," *The Boston Globe*, March 30, 2008.
34. Matt Schulz, "U.S. Workers Spend Up to 29% of Their Income, on Average, on Child Care for Kids Younger Than 5," LendingTree, March 15, 2022, www.lendingtree.com/debt-consolidation/child-care-costs-study/

第三部

35. *Octavia E. Butler: Telling My Stories,* gallery guide, Huntington Library, Art Collections, and Botanical Gardens, 2017, media.huntington.org/uploadedfiles/Files/PDFs/Octavia_E_Butler_Gallery-Guide.pdf.
36. David Murphey and P. Mae Cooper, *Parents Behind Bars: What Happens to Their Children?,* Child Trends, October 2015, www.childtrends.org/wp-content/uploads/2015/10/2015-42ParentsBehindBars.pdf.
37. " 'Unity with Purpose' : Amanda Gorman and Michelle Obama Discuss Art,

Identity, and Optimism," *Time,* February 4, 2021, time.com/5933596/amanda-gorman-michelle-obama-interview/.

38. Ariel Levy, "Ali Wong's Radical Raunch," *The New Yorker,* September 26, 2016, www.newyorker.com/magazine/2016/10/03/ali-wongs-radical-raunch.
39. Hadley Freeman, "Mindy Kaling: 'I Was So Embarrassed About Being a Diversity Hire,' " *The Guardian,* May 31, 2019, www.theguardian.com/film/2019/may/31/mindy-kaling-i-was-so-embarrassed-about-being-a-diversity-hire.
40. Antonia Blyth, "Mindy Kaling on How 'Late Night' Was Inspired by Her Own 'Diversity Hire' Experience & the Importance of Holding the Door Open for Others," *Deadline,* May 18, 2019, deadline.com/2019/05/mindy-kaling-late-night-the-office-disruptors-interview-news-1202610283/.
41. Freeman, "Mindy Kaling."
42. Jeanette Winterson, "Shafts of Sunlight," *The Guardian,* November 14, 2008, www.theguardian.com/books/2008/nov/15/ts-eliot-festival-donmar-jeanette-winterson.
43. Daphna Motro et al., "Race and Reactions to Women's Expressions of Anger at Work: Examining the Effects of the 'Angry Black Woman' Stereotype," *Journal of Applied Psychology* 107, no. 1 (2021): 142–52, doi.org/10.1037/apl0000884.
44. John Stossel, "Michelle Obama and the Food Police," *Fox Business,* September 14, 2010, web.archive.org/web/20101116141323/http://stossel.blogs.foxbusiness.com/2010/09/14/michelle-obama-and-the-food-police/.
45. *New York Post,* January 12, 2012, nypost.com/cover/post-covers-on-january-12th-2012/.
46. John Lewis, *Across That Bridge: Life Lessons and a Vision for Change* (New York: Hyperion, 2012), 8.
47. Rebecca Onion, "Is 2016 the Worst Year in History?," *Slate,* July 22, 2016, www.slate.com/articles/news_and_politics/history/2016/07/is_2016_the_worst_year_in _history.html.
48. Jamie Ducharme, "Gallup: 2017 Was the World's Worst Year in at Least a

Decade," *Time*, September 12, 2018, time.com/5393646/2017-gallup-global-emotions/.

49. *Time*, December 14, 2020, cover, time.com/5917394/2020-in-review/.

50. Martin Luther King Jr., "Our God Is Marching On!" (speech, Montgomery, Ala., March 25, 1965), American RadioWorks, americanradioworks.publicradio.org/features/prestapes/mlk_speech.html.

51. Ketanji Brown Jackson, "Three Qualities for Success in Law and Life: James E. Parsons Award Dinner Remarks" (speech, Chicago, Ill., February 24, 2020), www.judiciary.senate.gov/imo/media/doc/Jackson%20SJQ%20Attachments%20Final.pdf.

52. Ibid.

照片版權

第 8 頁　Courtesy of the Obama-Robinson Family Archive
第 17 頁　Photos by Isaac Palmisano
第 28 頁　Photo by Merone Hailemeskel
第 54 頁　Photos by Pete Souza, courtesy Barack Obama Presidential Library
第 79 頁　上 Photo by Chuck Kennedy, courtesy Barack Obama Presidential Library
中左 Photo by Amanda Lucidon, courtesy Barack Obama Presidential Library
中右 Photo by Chuck Kennedy, courtesy Barack Obama Presidential Library
下 Photo by Samantha Appleton, courtesy Barack Obama Presidential Library
第 88 頁　Courtesy of the Obama-Robinson Family Archive
第 118 頁　上 Photo by Lawrence Jackson
下 Photo by Jill Vedder
第 148 頁　Courtesy of the Obama-Robinson Family Archive
第 180 頁　Courtesy of the Obama-Robinson Family Archive
第 208 頁　© DOD Photo/Alamy
第 234 頁　© Gary Caskey/UPI/Alamy
第 254 頁　上 Photo by Sonya N. Herbert, courtesy Barack Obama Presidential Library
中 Photo by Lawrence Jackson, courtesy Barack Obama Presidential Library
下 Photo by Samantha Appleton, courtesy Barack Obama Presidential Library
第 278 頁　Courtesy of the Obama-Robinson Family Archive

譯者簡介

黃佳瑜（引言至第 4 章）

台灣大學工商管理系畢業，美國加州大學柏克萊分校企管碩士。現為自由譯者，作品有《Jack》、《但求無傷》、《敦克爾克大撤退》、《成為這樣的我》（合譯）等。

陳文和（第 5 章至第 7 章）

輔仁大學法語研究所肄業，曾任中國時報國際新聞編譯，譯有《有錢人與你的差距，不只是錢》（商業周刊出版），合譯《活出歷史》、《無敵》、《抉擇》、《應許之地》、《疫後零售大趨勢》等書。

林步昇（第 8 章至第 10 章）

鍾情於綠豆的貓奴，翻譯是甜蜜的負荷，配音為後半生志業，希冀用文字與聲音療癒自己與他人，近期譯作包括《這樣說，孩子願意配合與改變》與《平台假象》等。蜜雪兒繼回憶錄後再度寫出一本暖心之作，設法回答後疫情時代面臨的種種難題，儘管前方充滿變數，讀者仍能安住當下，找回自己內在的光。

我們身上有光

作者	蜜雪兒・歐巴馬
譯者	黃佳瑜、陳文和、 林步昇
商周集團執行長	郭奕伶
商業周刊出版部	
責任編輯	林雲
封面設計	Bert
英文版設計	封面 Christopher Brand、作者照片攝影 Miller Mobley、 造型 Meredith Koop、服裝 Christy Rilling、 髮型 Yene Damtew、化妝 Carl Ray
內頁排版	邱介惠
校對	呂佳真
出版發行	城邦文化事業股份有限公司 商業周刊
地址	104 台北市中山區民生東路二段 141 號 4 樓 電話：(02)2505-6789　傳真：(02)2503-6399
讀者服務專線	(02)2510-8888
商周集團網站服務信箱	mailbox@bwnet.com.tw
劃撥帳號	50003033
戶名	英屬蓋曼群島商家庭傳媒股份有限公司城邦分公司
網站	www.businessweekly.com.tw
香港發行所	城邦（香港）出版集團有限公司 香港灣仔駱克道 193 號東超商業中心 1 樓 電話：(852) 2508-6231　傳真：(852) 2578-9337 E-mail：hkcite@biznetvigator.com
製版印刷	中原造像股份有限公司
總經銷	聯合發行股份有限公司 電話：(02) 2917-8022
初版 1 刷	2023 年 1 月
定價	420 元
ISBN	978-626-7252-00-0（平裝）
EISBN	9786267252031（EPUB）／ 9786267252024（PDF）

國家圖書館出版品預行編目(CIP)資料

我們身上有光/蜜雪兒.歐巴馬(Michelle Obama)著；黃佳瑜, 陳文和, 林步昇譯.
-- 初版. -- 臺北市：城邦文化事業股份有限公司商業周刊, 2023.01
296面；14.8 × 21公分
譯自：The light we carry : overcoming in uncertain times
ISBN 978-626-7252-00-0(平裝)

1.CST: 歐巴馬(Obama, Michelle, 1964-) 2.CST: 傳記
3.CST: 自我實現 4.CST: 生活指導

177.2　　　　111019750